D1723724

FRANÇAIS, N'AYEZ PAS PEUR DU LIBÉRALISME

PASCAL SALIN

FRANÇAIS, N'AYEZ PAS PEUR DU LIBÉRALISME

OUVERTURE

QU'AVEZ-VOUS FAIT DE CE PAYS ?

Qu'avez-vous fait de ce pays ? C'est à vous tous, hommes et femmes politiques de tous les partis, que j'adresse cette question. Êtes-vous conscients que l'extension continuelle de vos pouvoirs et de vos prélèvements a provoqué l'inquiétude, le désespoir ou la lassitude ? Des siècles de civilisation, d'efforts, de goût du travail bien fait sombrent dans un désastre : une société sans espérance et conflictuelle, l'oubli des valeurs morales, la pauvreté et le chômage, le mépris du travail. Enfermés dans votre logomachie sur le modèle social français – que le monde nous envierait, mais qui est en réalité un objet d'étonnement et de dérision –, vous continuez imperturbablement à promettre la croissance, la fin du chômage, la disparition des inégalités. Et pour cela vous dépensez toujours plus, vous contrôlez toujours plus, vous achetez des clientèles électorales avec l'argent que vous soutirez sans scrupule à ceux qui l'ont gagné par des efforts considérables, d'autant plus considérables que vous captez la plus grande partie de leurs fruits. Vous vous gargarisez de politiques-gadgets – plans de modernisation sociale et de cohésion sociale, prêts à taux zéro, stimulation de la consommation, primes et aides variées – qui ne font que renforcer le mal et dont les mauvais résultats servent de prétexte à de nouveaux gadgets. Au lieu de comprendre et d'avouer que les adversaires des Français et des Françaises sont à l'intérieur – c'est vous-mêmes –, vous partez dans des guerres de diversion contre de prétendus ennemis extérieurs, qui s'appellent « mondialisation », « directive Bolkestein » ou même « Google ».

Au nom de la réduction de la « fracture sociale », vous prélevez toujours plus, vous empruntez toujours plus, obérant ainsi le pouvoir d'achat des générations futures, vous détournez l'épargne de ses emplois productifs pour satisfaire vos promesses démagogiques. Car la réduction de la fracture sociale n'est qu'un prétexte pour faire croître sans arrêt vos propres pouvoirs et ceux de la bureaucratie. Ce serait risible si ce n'était tragique : vingt-cinq ans de socialisme ininterrompu et de « lutte contre les inégalités », depuis cette date funeste de l'élection de François Mitterrand à la présidence de la République, n'ont fait que créer du chômage, provoquer la misère, développer les inquiétudes, susciter les conflits. Vous avez ainsi fait naître d'autres « fractures sociales », celles qui existent, par exemple, entre ceux qui font des efforts immenses de travail, d'épargne ou d'imagination et ceux qui vivent de subsides, mais aussi de rentes et de privilèges : le bien-être est de moins en moins la récompense des efforts personnels, il résulte de plus en plus de l'appartenance à des réseaux de pouvoir ou à des groupes revendicatifs qui obtiennent d'autant plus qu'ils sont plus nuisibles et menaçants.

Comment pouvez-vous ne pas être sensibles au drame humain que représente, pour des générations de jeunes, la perte de l'espoir ? Souvent courageux et motivés pendant leurs années de formation, ils savent qu'à la fin de leurs études ils risquent de se retrouver stagiaires mal payés ou chômeurs ; et si d'aventure ils peuvent espérer trouver ensuite un salaire rémunérateur, les charges fiscales seront telles qu'il leur sera difficile d'épargner pour se constituer un petit capital, pour se loger, pour faire vivre leur famille. Ne savez-vous pas que la plupart d'entre eux ne rêvent plus que d'une chose : quitter ce pays qu'ils aiment pourtant, mais dont ils ne supportent plus les rigidités, les réglementations étouffantes, la spoliation fiscale ? Ce sont souvent les meilleurs qui partent, et c'est dans d'autres pays qu'ils créent une famille et font naître richesses et emplois. Et n'est-ce pas au demeurant un immense gâchis que d'avoir supporté ainsi pendant des années le coût de la formation de ces jeunes qui partiront en exil avant même d'avoir pu faire bénéficier autrui de leurs talents ?

Croyez-vous vraiment que l'on peut créer des emplois en punissant systématiquement tous ceux qui sont susceptibles d'en créer ? Croyez-vous vraiment qu'on peut retrouver une croissance forte et durable en empêchant l'accumulation de capital, en incitant les meilleurs à partir à l'étranger, en détruisant les incitations productives et en récompensant la paresse, les combines et les menaces ?

Tout cela est facile à comprendre. Si vous ne le comprenez pas, c'est que votre frénésie à dépenser pour obtenir les voix des électeurs envahit votre pensée et votre action. Vous n'avez pas intérêt à voir, à comprendre, vous n'avez pas non plus intérêt à regarder le monde extérieur. Vous y verriez pourtant des pays prospères et pacifiés où des hommes et des femmes politiques courageux et clairvoyants ont su mettre fin rapidement à toutes sortes d'excès étatiques, en déréglementant, en remplaçant l'impôt progressif par un impôt à taux unique, en supprimant droits de succession et impôts sur le capital, en diminuant dépenses publiques et prélèvements.

Certains en viennent à se demander si seule une révolution pourrait faire éclater la gangue de rigidités et de spoliations qui enserre la vie des

Français. Un tel événement peut se produire, mais il ne conduira nulle part si un projet libérateur n'est pas disponible et si personne n'est prêt à le porter. Les révolutions pacifiques sont, elles aussi, possibles. Mais il faudrait, pour cela, briser le monolithisme de la pensée qui règne en politique, dans les médias, dans l'enseignement. Et il faudrait qu'apparaisse enfin une nouvelle génération d'hommes et de femmes politiques nourris de convictions fortes et libératrices, prêts à réduire leurs propres pouvoirs afin de permettre aux individus de redevenir responsables de leurs propres vies. En brisant ainsi le *statu quo* et en provoquant une véritable rupture, ils combleraient, contrairement à ce que l'on croit trop souvent, les vœux d'une grande partie des Français.

En 1989 un mur symbolique est tombé, le mur de Berlin. Une grande espérance est née, celle d'un monde où les hommes seraient délivrés de l'esclavage. Mais, en France particulièrement, un autre mur est resté debout, inébranlable : celui de l'étatisme, qui conduit à la perte du sens de la responsabilité individuelle. Le naufrage du communisme – de même que la restauration de la souveraineté individuelle qui était ainsi rendue possible dans les pays de l'Est – aurait dû être un triomphe pour tous ceux qui avaient constamment défendu la liberté individuelle, qui avaient expliqué le caractère immoral du collectivisme et son impossibilité pratique.

Il n'en fut malheureusement rien. L'État, maître de la pensée unique, a su subtilement imposer l'idée que la défaite du communisme était non pas le triomphe de la liberté individuelle, mais le triomphe de la démocratie. Désormais, dit-on, la démocratie – opportunément appelée « démocratie libérale » – règne presque partout dans le monde et il n'y aurait plus à s'interroger sur le devenir d'une humanité qui n'a plus à résoudre que d'ennuyeux problèmes de gestion. C'est oublier que la démocratie peut devenir tyrannique : l'absolutisme démocratique conduit en effet à admettre que les titulaires du pouvoir ne rencontrent aucune limite dès lors qu'ils sont élus au suffrage universel.

Mais les luttes politiques, qu'elles transforment profondément la vie des gens ou qu'elles soient considérées comme des jeux du cirque que regarderaient des spectateurs désabusés, ne peuvent pas répondre aux aspirations profondes des êtres humains. Devant les désillusions du passé, les inquiétudes à l'égard de l'avenir, il convient de rejeter définitivement les mythes destructeurs du XXe siècle, de renoncer au « tout est politique », de retrouver et d'approfondir les principes éternels et universels de l'éthique, ceux mêmes qui ont permis l'émergence en Occident d'une civilisation fondée sur le respect de la personne humaine, ceux mêmes qui, pour cette raison, ont rendu possible une prospérité sans comparaison dans l'Histoire. Le XXe siècle laisse derrière lui le souvenir de ruines terrifiantes et de morts innombrables. Mais il nous lègue aussi – ce qui est grave – la destruction des esprits. C'est pour aider à leur reconstruction, pour que cesse le massacre de la pensée, mais aussi des espoirs et des efforts, que le présent texte a été écrit[1].

---

1. Je remercie Jean-Luc Fidel (éditions Odile Jacob), Mathieu Laine et Hadrien Salin pour leurs remarques très pertinentes sur une version antérieure du présent ouvrage.

CHAPITRE PREMIER

L'ÉCHEC DU MODÈLE SOCIAL FRANÇAIS

Pendant des années, les hommes politiques et les médias, presque unanimement, ont opposé le modèle social français, prétendument attentif au bien-être de tous et surtout des plus vulnérables, au modèle anglo-saxon et plus particulièrement américain, où les chiffres de la croissance et du chômage paraissaient certes satisfaisants, mais où la réalité était censée être toute différente, à savoir celle d'individus mal payés, mal soignés et laissés à eux-mêmes devant les incertitudes de la vie. On décrivait avec passion une société américaine violente et déchirée, et on lui donnait en exemple le tableau d'une société française où un État bienveillant avait mis en place toute une panoplie d'instruments de solidarité pour que personne ne soit laissé sur le bord de la route, pour que personne ne se sente exclu. Ne valait-il pas mieux vivre dans une société où des ressources satisfaisantes étaient accordées à ceux qui se trouvaient sans travail que là où, certes, on trouvait des emplois, mais où ceux-ci étaient précaires et mal rémunérés ? Et, pendant des années, on nous a assené l'idée que les emplois créés en abondance aux États-Unis n'étaient que des emplois de service, considérés *a priori* comme des emplois de seconde zone. Dans cette formidable entreprise de désinformation, on en venait donc à oublier que les États-Unis montraient en réalité la voie du futur en permettant la création de millions d'emplois tertiaires dans les nouvelles technologies, c'est-à-dire des emplois de haute technicité et particulièrement bien rémunérés !

Alors, regardons la réalité en face et opposons plutôt le taux de croissance français (1,4 % en 2005, environ 2 % en 2006) au taux de croissance américain (près de 3,5 % chacune de ces années) ou au taux de croissance mondial (5,1 % en 2006 !), le taux de chômage français (environ 10 % en 2005, environ 9 % en 2006) au taux de chômage américain (moins de 5 % en 2006) ; opposons les 21,7 % de jeunes (de 15 à 24 ans) sans emploi en France, en 2005, aux 10,7 % enregistrés aux États-Unis ; ou opposons encore la quasi-stagnation des créations d'emplois créés en France[1] aux millions d'emplois

---

1. Aucune création d'emploi en 2004, entre 50 000 et 145 000 selon les méthodes de comptage, en 2005.

régulièrement créés aux États-Unis (2,2 millions rien que pour l'année 2004)[2]. Est-ce cela le modèle social français ? Est-ce un modèle ou un naufrage ? La réponse est évidente lorsqu'on voit l'exaspération des Français, les troubles graves d'octobre-novembre 2005 qui ont soulevé les banlieues et qui ont permis de voir le véritable visage de la société française, celui d'une société conflictuelle et même violente, où tous les repères, en particulier moraux, ont disparu : plus de respect des personnes et des biens, la France s'enfonce dans une nouvelle forme de barbarie. Quel contraste entre cette réalité qui nous éclate à la figure et les discours lénifiants de tous les dirigeants politiques qui se sont succédé, en particulier depuis 1981, et qui ont prétendu construire une France plus solidaire, plus humaine et plus prospère. Mais ces discours n'étaient rien d'autre que de misérables cache-sexe pour masquer leur seul appétit de pouvoir, la recherche de leur propre bien-être et leur insondable capacité démagogique. Mettons définitivement dans la poubelle de l'Histoire aussi bien la « rupture avec le capitalisme » d'un Mitterrand que la « réduction de la fracture sociale » d'un Chirac. Leurs messages ont été des messages de destruction morale : ne faites

---

2. « L'emploi stagne en France depuis vingt ans, alors que pour les États-Unis et le Royaume-Uni, l'augmentation est de près de 30 % sur la même période » (Sandrine Gorréri, colloque Ifrap, 25 février 2004).

pas d'effort, vous êtes des victimes, l'État va pourvoir à vos besoins. Et plus vous revendiquerez, plus l'État vous donnera en prélevant par la force sur ceux qui travaillent, qui entreprennent et qui épargnent. Manifestez, faites des barrages, attaquez les biens et les personnes. Les plus hauts personnages de l'État vous diront qu'ils vous comprennent et ils vous donneront toujours plus.

L'échec spectaculaire de tous les présidents, de tous les gouvernements, de tous les parlements qui se sont succédé depuis au moins trois décennies était largement prévisible. Mais les tabous qui paralysaient la pensée empêchaient de le voir. Il semble que le voile commence à se déchirer, que les yeux commencent à s'ouvrir. Il n'est plus aussi indécent que dans le passé de mettre en cause le modèle social français ou de s'inquiéter des rigidités du marché du travail. Ce qui est le plus visible, c'est l'échec économique. Mais celui-ci cache un autre échec, sans doute plus profond, plus grave et plus difficile à corriger : l'échec social et moral.

L'ÉCHEC ÉCONOMIQUE

La France est sur la voie du déclin, depuis la terrible rupture de 1981, et même au cours de la période précédente au cours de laquelle l'interventionnisme étatique s'était renforcé, préparant ainsi la voie à un socialisme mitterrandien mâtiné de marxisme. Malheureusement, rien n'a été fait pour l'arrêter. En témoigne ce flux continu de jeunes, bien formés, emplis d'espoirs et d'imagination, porteurs de projets et de courage, qui tournent le dos à la vieille France – qui est surtout une France vieillie – pour éviter d'être bridés dans leurs élans et spoliés des gains de leur réussite. Les Français veulent-ils vraiment que leurs enfants partent vers des cieux fiscalement et réglementairement plus cléments ? Ne faudrait-il pas tout faire pour éviter cette perte qui n'est pas seulement économique, mais également humaine et affective ? Ne pouvons-nous pas, par exemple, prendre exemple sur l'Angleterre qui se trouvait dans une situation similaire à celle de la France avant l'arrivée au pouvoir de Margaret Thatcher ? Après ses réformes – en particulier une diminution profonde des taux les plus élevés de l'impôt sur le revenu et la diminution du rôle des syndicats qui étaient, comme en France, politisés et non représentatifs –, les Britanniques ont choisi de revenir dans leur pays au lieu de le quitter.

C'est depuis des décennies, et en particulier depuis 1981, que les Français subissent un environnement économique terne ou même angoissant caractérisé en particulier par des taux de croissance faibles et un taux de chômage élevé. Ils ne sont donc pas victimes d'une crise économique passagère, mais bien d'une situation durable dont il faudra bien arriver à comprendre les causes structurelles. Au cours des années 1970, l'augmentation du prix du pétrole avait fourni aux gouvernements un alibi facile, mais parfaitement injustifié. À cette époque, en effet, un pays comme le Japon – importateur et non producteur de pétrole – avait connu des taux de croissance élevés et il n'était pas le seul, loin s'en faut ! Par la suite, on a mis en cause des taux d'intérêt trop élevés ou le taux de change du dollar ou, bien sûr, la mondialisation ; on a continuellement laissé croire que la stagnation économique était purement conjoncturelle et que la reprise ne saurait tarder, d'autant plus que le gouvernement, dans sa grande sagesse, prenait les mesures de relance qui s'imposaient. Devant la persistance des difficultés, on affirmait qu'il fallait encore s'armer de patience car « on avait tout essayé ». On avait tout essayé ? Peut-être, sauf une chose : *sortir du socialisme*, détruire le carcan de l'interventionnisme étatique.

Malheureusement, ce qui caractérise tous les gouvernements de droite, aujourd'hui comme hier, par rapport aux gouvernements de gauche, ce n'est pas une différence fondamentale dans les conceptions, mais des différences de degré : on ne cherche pas des solutions individuelles pour remplacer les solutions collectives, on ne souhaite pas changer fondamentalement la nature de l'État et son rôle, mais seulement en alléger quelque peu le poids, ou, tout au moins, se garder un tout petit peu de l'augmenter trop rapidement et s'efforcer de le gérer un peu mieux.

De ce point de vue, le traitement du problème posé par la loi des 35 heures a été symptomatique. Lors de la précédente législature, la majeure partie de la droite française s'était déclarée hostile à cette loi. Une fois arrivée au pouvoir, elle n'a pas osé la remettre en cause et elle a préféré adopter des mesures provisoires d'«assouplissement» consistant essentiellement à augmenter le nombre d'heures supplémentaires autorisées.

En France, l'État décide non seulement de la durée du travail, mais aussi du niveau de la rémunération, tout au moins en ce qui concerne le salaire minimum. Il y a évidemment toutes les chances pour que ces différentes décisions soient incompatibles et créent des déséquilibres, c'est-à-dire du chômage. Or, pour sortir de la complexité installée dans le système par la loi des 35 heures, le gouvernement a décidé de faire converger vers le haut les différentes catégories de salaire minimum, ce qui impliquait une augmentation de 11,5 % du salaire minimum pour plus de la moitié de ses bénéficiaires entre 2003 et 2005. Une telle mesure – du fait du renchérissement du coût du travail – est évidemment un facteur d'augmentation du chômage et elle était donc en contradiction avec les proclamations répétées du gouvernement selon lesquelles toute son action était motivée par le souci de faire reculer le chômage. Mais nous devons malheureusement constater que la politique de lutte contre le chômage a échoué.

La crise économique française n'est pas la manifestation d'un simple retournement conjoncturel. C'est bien pourquoi elle a un caractère durable. Elle persiste, alors même que bien des pays dans le monde enregistrent des taux de croissance impressionnants. Cette crise a un caractère structurel profond dont l'action de l'État et de ses satellites (la Sécurité sociale, par exemple) constitue l'unique cause. La situation s'analyse de manière simple : tout effort de travail, d'épargne, d'imagination est pénalisé par des prélèvements obligatoires très élevés et injustes et des réglementations destructrices.

Or considérons à titre d'exemple ce qui s'est passé depuis les dernières élections, présidentielle et législatives, celles de 2002. Au cours de leur première année de fonctionnement, le Parlement et le gouvernement issus de ces élections n'ont pas utilisé l'extraordinaire opportunité dont ils bénéficiaient, celle que leur donnait une stabilité politique de cinq années sans élections. Des réformes audacieuses au cours de cette première année auraient certes soulevé des oppositions dans le court terme, mais elles auraient apporté ensuite une prospérité dont la droite française aurait profité politiquement lors des échéances électorales suivantes.

Malheureusement, on cherche en vain la suppression de quelques réglementations, qu'il s'agisse du marché du travail[3] ou, pour prendre un exemple au hasard, du marché des logements où les contraintes imposées aux propriétaires bailleurs les incitent à ne pas louer, ce qui explique dans une large mesure le fait que deux millions de logements soient inoccupés. Il est aussi deux domaines essentiels où aucune réforme structurelle n'a été ébauchée au cours des années récentes et où la volonté de ne rien changer est même affirmée, celui de la santé et celui de l'éducation. C'est pourtant parce que ces deux secteurs d'activité sont particulièrement importants pour tous les Français qu'il convient de les ouvrir à la concurrence. Le monopole étatique est en effet toujours source de gaspillages, d'inefficacités et d'injustices pour une raison bien simple : lorsqu'on n'est pas soumis à la concurrence, on est beaucoup moins incité à faire des efforts pour s'adapter aux besoins des clients (appelés en l'occurrence des usagers). On est par ailleurs également moins incité à maîtriser les coûts de production, puisque le profit importe peu et que l'État est toujours là pour couvrir les pertes

---

3. Certes, le CNE (contrat nouvelle embauche), mis en place en août 2005, a représenté un tout petit progrès dans le sens d'une plus grande flexibilité (comme cela a été tenté dans le projet avorté de CPE, contrat première embauche, en 2006), mais c'est un vrai retour à la liberté contractuelle qu'il conviendrait d'assurer dans ce domaine.

éventuelles. Cela est particulièrement évident pour le système de soins et le système d'éducation.

Quant aux prélèvements obligatoires, il est certes vrai qu'on s'est engagé dans la voie de la décrue fiscale puisque les taux de l'impôt sur le revenu ont été réduits de 6 % au cours des deux premières années de la législature (alors que Jacques Chirac avait promis une baisse de un tiers en cinq ans). Mais cette baisse est dérisoire par rapport à ce qui serait nécessaire, d'autant plus que d'autres impôts ont augmenté. Par ailleurs, le souci si français de l'égalité a conduit à décider une baisse identique pour tout le monde, alors qu'il aurait été préférable, pour des raisons d'équité aussi bien que d'efficacité, de diminuer davantage les taux les plus élevés. Comme l'ont si bien montré les tenants de l'« économie de l'offre » et comme l'ont illustré de nombreuses réformes fiscales étrangères, ce sont ces taux qui sont les plus désincitatifs et les plus destructeurs de l'activité économique. En les diminuant de manière importante, on supprime une injustice fiscale, on stimule l'innovation et l'esprit d'entreprise, on réduit l'évasion et la fraude fiscales. Malheureusement, le gouvernement n'a pas osé s'attaquer aux tabous de la pensée unique d'inspiration socialiste pour laquelle l'impôt doit frapper la création de richesses et le capital. Et c'est pourquoi, au lieu de supprimer purement et simplement l'impôt, dit de solidarité, sur la fortune, on s'est contenté d'une petite réforme consistant à l'alléger dans quelques circonstances spécifiques.

Il est certes impossible d'être exhaustif dans ce rapide bilan de la politique économique récente. Mais ce bilan serait d'évidence incomplet si on n'y ajoutait pas la réforme des retraites. Il faut certes reconnaître que, dans ce domaine, le gouvernement a semblé vouloir mettre en cause certaines des injustices les plus manifestes du système actuel, par exemple la durée de cotisation des fonctionnaires. Mais il serait encore mieux de donner à tout le monde la liberté de choisir l'âge de sa retraite, en tenant compte évidemment des conséquences de ce choix sur le montant des revenus perçus. Par ailleurs, l'objectif clairement affirmé de la réforme a consisté à « sauver le système de retraite par répartition ». Or, de même qu'il ne faut pas « sauver la Sécurité sociale », mais la mettre en concurrence avec d'autres systèmes d'assurance-maladie afin de permettre à tous les Français d'obtenir l'assurance qui correspond le mieux à leurs besoins, il ne faut pas sauver la retraite par répartition, mais la mettre en concurrence avec la retraite par capitalisation, c'est-à-dire rendre leur liberté de choix aux Français.

Beaucoup de choses peuvent être faites en quelques mois lorsqu'on est animé par des convictions profondes et le courage d'affronter les oppositions. Peu de choses ont été faites en France au cours des trois années du gouvernement Raffarin et au cours de la période suivante, celle du gouvernement de Villepin, alors que les Français auraient eu particulièrement besoin de réformes audacieuses. En Angleterre, Tony Blair a eu la sagesse de ne pas mettre en cause tout l'acquis de la révolution conservatrice mise en place par Margaret Thatcher, parce qu'il a su en reconnaître les bienfaits. En France, Jacques Chirac et Jean-Pierre Raffarin n'ont pas osé mettre en cause tout l'« acquis » de la construction socialiste des vingt dernières années, en dépit de ses méfaits. Tel est, malheureusement, le bilan qui s'impose à la fin d'une législature et d'un mandat présidentiel.

L'ÉCHEC SOCIAL ET MORAL

L'échec économique est patent et nombreux sont d'ailleurs ceux qui l'ont souligné. Mais les Français souffrent d'un mal peut-être encore plus profond, à savoir l'échec social et moral, la destruction de la cohésion sociale. La réflexion sur la cohésion sociale n'est pas seulement un thème de discussions théoriques ou un sujet de philosophie pour les candidats au baccalauréat. Elle a une portée pratique considérable, comme en témoigne d'ailleurs la référence fréquente à ce terme dans les débats de politique intérieure ou le fait qu'un ministre ait même été explicitement chargé de la cohésion sociale.

Qu'une société humaine ne puisse pas fonctionner ni même survivre sans un minimum de cohésion, voilà qui est évident. Que l'être humain soit un être social et qu'il ne puisse pas vivre sans relations avec autrui, voilà une autre évidence. La vraie difficulté apparaît lorsqu'on se demande comment ces liens sociaux doivent s'établir, comment ils doivent évoluer. Pour les critiques d'une société libérale – hélas si étrangement nombreux sur le territoire de l'exception française –, la cause est claire : dans une société libérale, la liberté laissée aux individus conduirait à l'anarchie, au désordre, à la destruction de la société.

L'individualisme ne pourrait alors être que l'ennemi de la société. C'est pourquoi, tout en laissant une certaine marge d'autonomie – arbitrairement définie – aux individus, il faudrait qu'une institution, l'État, garant de l'intérêt général, assure la cohésion sociale. Tel est le fondement de la social-démocratie et tel est le modèle revendiqué, aussi bien à droite qu'à gauche, par le personnel politique français. C'est ainsi que la gauche française renforce constamment l'interventionnisme étatique lorsqu'elle est au pouvoir, sous prétexte de favoriser la cohésion sociale, et que la droite croit à tort que, pour gagner des élections ou pour réagir à des élections décevantes, il faut mettre en avant la « dimension sociale » de son action, contre une prétendue « tentation libérale ». Ce faisant, la droite ne fait pourtant qu'aggraver la situation. Elle déplace le centre de gravité de la vie politique vers plus de socialisme et elle prépare donc les échecs électoraux du futur.

En effet, le débat sur la cohésion sociale souffre malheureusement d'une erreur d'interprétation majeure. L'individualisme y est vu comme la recherche par chacun de son propre intérêt aux dépens des autres et sans se soucier des autres. Si l'individualisme était effectivement cela, il conduirait en effet à l'anarchie et à la destruction des sociétés, puisqu'il impliquerait la lutte permanente de tous les individus pour s'approprier les biens d'autrui. Mais à cet individualisme anarchique il faut opposer une notion radicalement différente et que l'on peut appeler l'individualisme libéral. Ce dernier consiste à respecter la liberté accordée à chacun de poursuivre ses propres objectifs, mais *dans le respect des droits d'autrui*. Cet individualisme-là est fondamentalement « social » en ce sens qu'il repose sur la reconnaissance des liens sociaux, c'est-à-dire des liens interindividuels. Bien plus, on peut même dire que l'individualisme libéral repose sur le seul principe qui permette effectivement l'émergence et le maintien de la cohésion sociale. La raison en est simple : si une société est totalement fondée sur le respect des droits d'autrui, elle repose alors sur un principe universel et non contradictoire. À partir du moment où les droits de chacun sont définis, deux personnes ne peuvent pas prétendre en même temps à la possession d'un bien ou d'un service donnés. Chacun peut alors décider de disposer de ses ressources pour lui-même ou d'exercer son sens de la solidarité de la manière qui lui paraît moralement fondée. Bien sûr, la définition concrète des droits n'est pas toujours facile, mais elle n'est possible que dans la mesure où l'on renonce à les déterminer de manière arbitraire et où l'on garde constamment à l'esprit la nécessité de respecter les droits naturels.

Or, lorsqu'on recherche la cohésion sociale à notre époque – c'est-à-dire à une époque où l'on a totalement et malheureusement oublié la philosophie politique fondatrice des sociétés modernes qui a émergé dans les pays occidentaux avant d'acquérir une valeur universelle –, ce n'est généralement pas à cette cohésion sociale libérale que l'on pense, mais à une vision radicalement différente, celle que nous propose la social-démocratie. Selon cette vision, l'État serait l'arbitre des intérêts divergents, l'intermédiaire obligé des rapports individuels, le fondateur des liens sociaux. Ce faisant, on oublie que l'individualisme libéral assure la convergence des intérêts, fait naître et évoluer les liens sociaux. Or comment la social-démocratie peut-elle agir ?

Nécessairement et toujours en ignorant les droits individuels. Que sont en effet la fiscalité et la réglementation, sinon des atteintes aux droits légitimes des personnes ? Elles consistent en effet à prendre des ressources légitimement créées par certains pour les donner à d'autres, à interdire aux uns d'agir dans la limite de leurs droits et de permettre à d'autres d'empiéter sur les droits d'autrui. Ce faisant, l'État transforme des droits individuels en prétendus droits collectifs : on définit arbitrairement des catégories sociales ou économiques dans lesquelles on place ceux qui ne sont plus des individus, mais des citoyens, et on réalise des transferts visibles ou invisibles entre ces entités abstraites. Tout argent prélevé par l'État, parce qu'il n'a plus de légitime propriétaire, mais qu'il est censé être un « bien collectif », devient l'objet d'un conflit pour son appropriation. Et c'est pourquoi *la social-démocratie est nécessairement conflictuelle*. Loin de réaliser la cohésion sociale, elle la détruit. On risque alors d'entrer dans un tragique cercle infernal, celui-là même dans lequel la France – plus que la plupart des grands pays – se trouve aujourd'hui piégée. Parce qu'il ne peut y avoir de cohérence dans la social-démocratie, parce qu'elle est destructrice des véritables liens sociaux concrets et qu'elle les remplace par des oppositions arbitraires entre classes et catégories sociales, elle fait naître une demande de « cohésion sociale » à la hauteur de la cohésion qu'elle détruit. Elle suscite nécessairement la déception de tous ceux qui sont avides de subventions ou de privilèges et qui ne peuvent évidemment jamais être pleinement satisfaits. Elle ne peut donc être que la source de conflits croissants. Ce processus est exactement celui que nous voyons se dérouler sous nos yeux. Ce qui frappe le plus dans la France d'aujourd'hui, ce n'est sans doute pas seulement la mauvaise qualité des indicateurs économiques – faible croissance, chômage élevé, dette publique importante –, c'est plutôt le climat d'insatisfaction générale, de tensions, de conflits, la lassitude des uns, l'agressivité des autres, le manque d'espérance. C'est donc faire une erreur d'interprétation majeure que de vouloir renforcer une prétendue « cohésion sociale » en utilisant les instruments mêmes qui la détruisent, c'est-à-dire toujours plus de transferts, d'impôts, de contrôles.

Cela peut paraître paradoxal, mais la recherche constante de la cohésion sociale par l'interventionnisme étatique a conduit à l'éclosion de l'individualisme anarchique. Chacun sait en effet que son sort dépend peut-être davantage de ce qu'il peut soutirer aux autres grâce à la main de l'État et de ses satellites – collectivités locales, organismes « sociaux » – que de ses propres efforts. Après des années d'interventionnisme, l'État a réussi ce prodige : faire régner l'individualisme anarchique, c'est-à-dire la généralisation des conflits de chacun contre tous, au nom de la cohésion sociale et de l'intérêt général. Alors, devant ce que l'on appelle la « montée de l'individualisme », les moralistes à courte vue se lamentent, ils demandent à leurs concitoyens de faire preuve d'altruisme, de se sacrifier pour l'« intérêt général ». Mais ces vœux pieux ont peu de chances d'aboutir dans le climat de lutte généralisée qui s'est installé et, au demeurant, ils seraient incapables de résoudre le problème si jamais ils étaient exaucés. Et puisque les citoyens ne veulent pas se plier d'eux-mêmes à cette morale de bazar, on va les contraindre en mettant en place des politiques de « cohésion sociale ». En réalité, ce qui manque à notre pays, c'est l'épanouissement d'un véritable individualisme, l'individualisme libéral. Car lui seul peut pacifier la société, lui seul peut réaliser la cohésion sociale.

Le modèle français – parce qu'il est un modèle socialiste – a fait faillite, sur le plan économique comme sur le plan moral. Mais les gouvernants qui se succèdent semblent l'ignorer et ils persistent dans leurs erreurs. La crise économique, qui se manifeste par un taux de chômage élevé et par une faible croissance, n'est elle-même que le reflet d'une crise plus profonde, la crise de la responsabilité. Être responsable, c'est supporter soi-même les conséquences – bonnes ou mauvaises – de ses actes. Or, quand on prend un euro à un individu pour le remettre à l'État, on prend un euro à quelqu'un qui l'a produit par son comportement responsable pour le remettre à quelqu'un qui va l'utiliser de manière irresponsable. Les politiciens, les bureaucrates, les macroéconomistes ne font pas de différence entre cet euro selon qu'il est détenu par celui qui l'a obtenu en tant que créateur de richesses ou par celui qui reçoit des richesses produites par les efforts d'autrui. Ces deux situations sont pourtant totalement différentes. Mais il importe peu pour les titulaires du pouvoir qui ont une vision purement comptable de la société et de la gestion étatique et qui oublient cette vérité éternelle selon laquelle toute richesse est nécessairement créée par des efforts humains, des efforts de travail, d'épargne, d'imagination.

Or les Français sont capables de faire ces efforts et quand on regarde ce qu'ils arrivent à créer en dépit des obstacles immenses qui sont mis sur leur route, on se met à rêver de ce paradis que pourrait être la France si chacun était libre de travailler, de penser son futur et donc de changer son environnement. Pour tous ces héros de la vie quotidienne, il est de plus en plus désespérant que leurs gouvernants – quels qu'ils soient – ne sachent leur offrir qu'une rigueur toujours accrue, une réglementation de plus en plus tatillonne et paralysante, une spoliation fiscale de plus en plus étendue. Depuis vingt ou trente ans, on leur dit qu'il faut accepter une politique d'austérité, mais cette austérité consiste à prélever toujours plus sur ceux qui créent des richesses et non pas à réduire ce monstre hypertrophique qu'est devenu l'État. L'État français a tué l'espoir, l'espoir de pouvoir améliorer son propre sort, l'espoir de voir ses enfants développer leurs capacités, trouver l'emploi qui leur convienne, accumuler sagement le patrimoine qui les protégera véritablement contre les aléas de la vie.

Pour le moment, la France est sur le déclin. Et pourtant, il existe une multitude d'entrepreneurs – grands ou petits – qui gardent le courage d'innover en dépit des obstacles. Mais ils sont exploités, blâmés et souvent méprisés. Il existe quelques dépositaires de la grande tradition universitaire, en dépit de l'euthanasie des universités, mais ils ont un rôle marginal dans un pays dominé par les modes intellectuelles superficielles, par une médiocrité générale et par l'arrogance, vide de tout savoir, de ceux qui ont le pouvoir. Il existe beaucoup de gens modestes qui s'accrochent encore aux valeurs traditionnelles du travail bien fait et de l'honnêteté, mais qui sont frustrés lorsqu'ils voient qu'ils ne vivent pas mieux que tous ceux qui se contentent d'attendre et de réclamer les subsides publics au nom de la « solidarité », sans faire d'efforts personnels. En considérant tous ces héros de la vie quotidienne, on se prend à rêver d'une France qui serait libérée des contraintes des législateurs, de la spoliation du fisc, de l'arrogance des énarques et des mythologies syndicales. Une telle France pourrait être l'histoire d'un succès et celui ou celle qui serait capable de porter un tel projet entrerait dans l'Histoire !

CHAPITRE II

LES OCCASIONS PERDUES

En 1995, vous aviez toutes les chances, ou plutôt vous étiez dépositaires de toutes nos chances, mais aussi de notre dernière chance : une gauche discréditée, une majorité introuvable, l'enthousiasme de ceux qui croyaient qu'on allait enfin leur rendre un peu de leur liberté. Vous avez gâché ces chances.

Vous avez fait une faute économique en tournant le dos au vent de libéralisation qui couvre une partie du monde.

Vous avez fait une faute morale en trompant vos électeurs.

Vous avez donc fait une faute politique, sanctionnée par les électeurs.

Vous n'avez pas compris ce que pouvait réussir le grand souffle de la liberté et

Vous avez préféré continuer vos petits arrangements politiciens et technocratiques.

Vous avez manqué de conviction et, en suiveurs falots des adversaires de la liberté, vous avez préféré traiter les défenseurs de la liberté d'ultralibéraux, c'est-à-dire d'extrémistes. Mais parce que vous êtes des ultracentristes, des ultraconservateurs, c'est-à-dire que vous poussez votre manque de courage et votre manque de conviction jusqu'à l'extrême, vous avez échoué, vous nous avez fait échouer.

Maintenant, je vous le demande solennellement : êtes-vous prêts – vous et la classe politique que vous représentez – à reconnaître vos erreurs ?

Êtes-vous prêts à vous excuser publiquement auprès des citoyens pour avoir manqué de culture économique, de courage politique et de clairvoyance ?

Êtes-vous prêts à vous excuser pour les avoir spoliés depuis tant d'années et tant de décennies du fruit de leurs efforts par des prélèvements fiscaux et sociaux qui ont transformé les citoyens en esclaves fiscaux ?

Êtes-vous enfin prêts, pour le futur, à briser les tabous de cette société bloquée, de cette société que vous avez bloquée, en affirmant sans relâche qu'il n'y a pas de prospérité sans liberté ?

Telle est la question à laquelle je vous demande de bien vouloir répondre sans détours et sans langue de bois.

(Question posée par Pascal Salin à M. Stefanini, ancien directeur de cabinet d'Alain Juppé, Radio TSF, 18 décembre 1997.)

DU PSEUDO-LIBÉRALISME AU SOCIALISME RÉEL (1974-1981)

En 1974, Valéry Giscard d'Estaing avait triomphé de peu sur François Mitterrand. Le nouveau Président, officiellement adepte du « libéralisme avancé » – comme s'il existait un « libéralisme retardé » – a été en réalité un bon serviteur de l'étatisme et il a préparé le terrain sur lequel devait s'épanouir le mitterrandisme. Était-il d'ailleurs réaliste d'attendre autre chose de quelqu'un qui cumulait le double handicap d'être un ancien élève de l'École polytechnique et de l'École nationale d'administration, c'est-à-dire deux établissements qui ont pour spécialité de former des « ingénieurs sociaux[1] », au demeurant convaincus que, membres d'une superélite, ils savent mieux que quiconque ce

---

1. Particulièrement intrigué par l'« exception française » et l'interventionnisme étatique français, Friedrich Hayek a cru bon de consacrer à ce problème plusieurs chapitres de son livre, *The Counter-Revolution of Science*, Glencoe, Ill., The Free Press, 1952 (2ᵉ éd., Indianapolis, Liberty Press, 1979). Une partie de cet ouvrage – mais précisément pas celle qui concerne la France – a été traduite en français par Raymond Barre (*Scientisme et sciences sociales : essai sur le mauvais usage de la raison*, Paris, Plon, 1953). Un des chapitres s'intitule « La source de l'orgueil scientiste : l'École polytechnique »... Il explique comment les succès des scientifiques français au tournant du XVIIᵉ et du XVIIIᵉ siècle ont fait naître la croyance que les problèmes sociaux pouvaient être résolus en utilisant la même méthode scientifique. De là est né le positivisme qui s'est incarné dans des générations d'ingénieurs sociaux.

43

qui est bien pour les autres ? Comme il l'a dit lui-même dans une réunion privée[2], Valéry Giscard d'Estaing n'a pas voulu utiliser des recettes libérales pendant son septennat sous le prétexte qu'elles n'auraient pas pu réussir dans le contexte de crise économique de l'époque, ce qui aurait, selon lui, compromis les chances futures du libéralisme ! Mais une telle déclaration consistait en fait à reconnaître sa propre absence de conviction libérale : un véritable adepte du « libéralisme avancé » – sans parler du libéralisme tout court – aurait, lui, immédiatement compris que le seul moyen de surmonter une crise économique consiste précisément à adopter des solutions libérales.

Certes, le contrôle des prix a été largement supprimé au cours du septennat de Valéry Giscard d'Estaing. Mais on devrait en fait se demander comment il a pu se faire que celui-ci ait duré aussi longtemps et qu'on ait pu imaginer que le contrôle des prix permettait de lutter contre l'inflation, alors que les économistes savent bien que le seul moyen consiste à limiter la croissance monétaire. C'est précisément avec le mandat de lutter contre l'inflation que Valéry Giscard d'Estaing avait nommé Raymond Barre – « le meilleur économiste de France » – Premier ministre en 1976. Le taux d'inflation, qui était proche de 10 % lors de la nomination de ce

---

2. Organisée en 1982 par les Cercles universitaires.

dernier était passé à près de 14 % lorsqu'il quitta son poste en 1981, faute d'avoir pratiqué la politique monétaire restrictive qui s'imposait. Que l'on me permette à ce sujet d'évoquer l'anecdote suivante : j'avais eu l'occasion d'accompagner Friedrich Hayek, prix Nobel d'économie, à Matignon pour une rencontre avec Raymond Barre, qui se trouvait avoir traduit en français dans le passé une partie d'un ouvrage de Friedrich Hayek. Au cours de l'entretien, Friedrich Hayek exprima sa préférence pour une politique monétaire restrictive de choc qui, certes, produit des effets négatifs pendant quelques mois, mais qui seule peut donner un coup d'arrêt durable à l'inflation. Raymond Barre éclata alors de rire et lui dit : « Ce n'est pas aussi simple que cela ! » Mais les faits l'ont montré : dans ce domaine, comme dans les autres, la politique graduelle constitue un pari dangereux.

Au cours d'un colloque auquel participaient quelques économistes libéraux, j'avais posé la question suivante à René Monory, alors ministre de l'Économie et des Finances : « Les économistes savent depuis longtemps que le contrôle des prix ne permet pas d'arrêter ou de ralentir l'inflation. Vous avez heureusement supprimé le contrôle des prix et, comme on pouvait s'y attendre, l'inflation ne s'est pas accélérée pour autant. Maintenant, les économistes savent aussi que le contrôle des changes est inefficace et nuisible. Êtes-vous donc prêt, lorsque vous nous quitterez et que vous retrouverez votre bureau, à annoncer la fin du contrôle des changes ? » La seule réponse de René Monory fut la suivante : « Si je devais le faire, je ne vous le dirais pas. » Rien ne fut donc dit, mais rien ne fut fait.

Toujours est-il que le septennat de Valéry Giscard d'Estaing, marqué, entre autres, par une montée progressive du chômage – un mal que l'on avait pratiquement ignoré en France pendant bien longtemps – a constitué une occasion perdue. En dehors de la suppression du contrôle des prix, rien n'a été fait pour libéraliser l'économie française, mais, tout au contraire, l'étau réglementaire s'est resserré et la pression fiscale a augmenté. Il a été de ce point de vue significatif que le gouvernement soit parti en guerre contre les quelques radios libres qui ont eu à cette époque le courage de chercher à ébranler le monopole étatique, de telle sorte que l'on devra à la gauche d'obtenir enfin la liberté des ondes[3]. Tout cela a été d'autant plus dommageable que l'auteur de cette politique de contrôles et d'interventions étatiques prétendait se réclamer du libéralisme, contribuant ainsi à faire pénétrer dans l'opinion publique française cette idée que les préceptes d'inspiration libérale étaient incapables

---

3. Lorsque, en 1980, Alain Madelin a organisé un colloque entre députés et universitaires pour discuter de la libéralisation des ondes, il a été convoqué à l'Élysée, où le président Giscard d'Estaing lui a demandé de renoncer à son projet, ce qu'il a évidemment refusé de faire.

de résoudre les problèmes économiques et les problèmes de société ou encore que le libéralisme n'était rien d'autre que le conservatisme. Il est probable que cette terrible ambiguïté a facilité la venue au pouvoir d'un François Mitterrand qui, en artisan de l'union de la gauche, s'était fait le héraut de la « rupture avec le capitalisme ».

En dépit de ce que je viens de dire au sujet du septennat de Valéry Giscard d'Estaing, il est bien clair que la grande et terrible cassure s'est produite en 1981. C'est à partir de cette date qu'a été imposée aux Français une politique socialiste destructrice, voire haineuse : création de l'impôt sur les grandes fortunes, augmentation spectaculaire des taux d'impôts, abaissement de l'âge de la retraite, nationalisations, accroissement des réglementations paralysantes dans le domaine du travail aussi bien que du logement ou de la culture... Tout cela est sans doute bien connu. Mais nous avons cependant peut-être un peu perdu le souvenir de toutes les folies de cette époque. Pour ne prendre qu'un exemple, se souvient-on par exemple que Jacques Delors – que l'on présente si souvent comme un sage et un économiste compétent – avait imposé cette mesure incroyable et aberrante consistant à interdire aux Français de dépenser plus de deux mille francs par an lors de voyages à l'étranger ? La politique de collectivisation des Français entreprise à cette époque était d'autant plus anachronique qu'au même moment

Ronald Reagan aux États-Unis et Margaret Thatcher en Angleterre, forts de leurs convictions libérales, mettaient en œuvre les réformes qui ont conduit jusqu'à aujourd'hui leurs pays vers une prospérité croissante. Pendant ce temps, en France, le nombre de chômeurs, qui était d'un peu plus de 1,5 million en 1981, a dépassé 2,5 millions en 1986, c'est-à-dire que cinq ans de socialisme ont suffi pour créer près d'un million de chômeurs supplémentaires ! Et simultanément on voyait apparaître une nouvelle catégorie de citoyens, les SDF... Oui, vraiment, les socialistes aiment tellement les pauvres qu'ils n'arrêtent pas d'en créer.

Il semble que les Français avaient alors compris les leçons de cette première ère socialiste, en dépit de leurs préjugés étatistes et socialisants, et ils ont donc largement souhaité l'alternance en 1986. On pouvait même penser que le socialisme avait définitivement apporté la preuve de son incapacité à résoudre les problèmes des Français et qu'un boulevard s'ouvrait aux solutions libérales. Jacques Chirac lui-même ne déclarait-il pas en 1984 : « Au total, le libéralisme, cela a l'air de marcher... Face à une machine d'État devenue folle, face à une fonction publique à la croissance monstrueuse, face à une situation déjà difficile, mais encore plus sombre pour les années à venir, que pourra faire, à l'heure de l'alternance, le responsable politique qui aura en charge les intérêts du pays ? Il n'aura guère d'autre choix que le libéralisme. Plus exactement, le libéralisme ne sera pas un choix, mais une nécessité. » Et Jacques Chirac de conclure son propos par ces mots : « Le problème majeur du libéralisme en France est de n'avoir jamais été vraiment mis en œuvre. À nous de prouver que le libéralisme ça marche en France[4]. »

LA DROITE AU POUVOIR OU COMMENT GASPILLER SES CHANCES[5]

Malheureusement, les discours ont vite été oubliés lorsque l'occasion s'est présentée de les transformer

---

4. Ces propos ont été tenus par Jacques Chirac le 26 janvier 1984 lors du dîner-débat organisé par l'Aleps (Association pour la liberté économique et le progrès social, présidée par Jacques Garello) et par le Grall (Groupe de recherche, d'action et de liaison des libéraux, créé par Georges Mesmin, député de Paris, et Pascal Salin, et réunissant des universitaires et des députés libéraux).
5. La présente section s'inspire de notre article « La droite au pouvoir ou comment gaspiller les dernières chances » paru dans *Valeurs actuelles*, le 4 janvier 1997. J'avais alors le sentiment que la droite risquait fort de perdre les élections législatives – qui étaient à ce moment-là prévues pour 1998 –, car elle avait été incapable de mettre en oeuvre les réformes qui auraient permis aux Français de sortir de la crise économique et d'améliorer leur condition. J'avais été frappé par le courrier abondant que j'avais reçu à cette époque de la part de lecteurs qui partageaient cette crainte et qui ne comprenaient pas l'incapacité des gouvernants de droite à libérer les Français de leurs carcans fiscaux et réglementaires. Les faits nous ont malheureusement donné raison puisque la désastreuse dissolution de l'Assemblée nationale en avril 1997 a ramené la gauche au pouvoir.

en actes : au cours de la période d'alternance de 1986 à 1988, quelques privatisations ont certes été effectuées, mais leurs véritables retombées n'étaient pas véritablement susceptibles de bouleverser le sort quotidien des Français. En fait, les gouvernants et parlementaires de droite ont révélé leur véritable nature, celle qui les a constamment caractérisés depuis cette époque : par manque de conviction, par manque de courage, ils n'ont pas véritablement osé détruire ou même écorner l'édifice socialiste. Ce fut encore une occasion perdue, sanctionnée par une défaite électorale en 1988.

Après avoir subi une nouvelle ère socialiste de 1988 à 1993, les Français, échaudés par l'expérience, ont de nouveau souhaité le retour au pouvoir de la droite par un vote massif en sa faveur lors des élections législatives de 1993. Et, après la période de cohabitation avec un président socialiste, François Mitterrand, l'élection, en 1995, de Jacques Chirac à la présidence de la République semblait apporter une opportunité nouvelle pour libérer enfin les Français du carcan dans lequel l'État les avait mis. Le ralliement d'Alain Madelin à la candidature de Jacques Chirac, puis sa nomination au poste de ministre des Finances après l'élection présidentielle permettaient de nourrir l'espoir d'une inflexion vers une politique plus libérale. Mais il y a quelque chose de fascinant et de tragique dans la constance avec laquelle la droite, lorsqu'elle vient au pouvoir, gaspille ses propres chances et, surtout, détruit les espoirs légitimes de ceux qui avaient voté pour elle[6]. Aux élections législatives de 1986 et de 1993, elle avait – comme nous l'avons rappelé – obtenu une majorité confortable ou même inespérée, elle avait gagné les élections présidentielles de 1995. Or, en dépit de cela, les gouvernements de droite ont été totalement incapables d'effectuer les changements radicaux qui s'imposaient pendant et surtout après les quatorze années catastrophiques de la présidence de François Mitterrand. Alors que de nombreux et importants pays prenaient le tournant de la libéralisation au cours des années 1980, la France s'était alors enfoncée dans le collectivisme. En conséquence, les problèmes, qui étaient déjà urgents en 1986 et qui l'étaient évidemment en 1993, étaient devenus cruciaux en 1995. C'est bien ce qu'avaient senti les électeurs en répondant au message plutôt libérateur de la campagne présidentielle de Jacques Chirac. Cette élection était un peu l'élection de la dernière chance, la dernière chance donnée au pouvoir politique de changer radicalement d'orientation et de ne pas se contenter, comme par le passé, de ralentir la course à la collectivisation.

---

6. Il est vrai que l'on peut légitimement se demander s'il s'agit là du comportement de la droite ou plutôt de celui du « chiraquisme ».

Certes le discours de Jacques Chirac pendant sa campagne électorale n'était pas dénué d'ambiguïtés et il constituait un mélange subtil de mesures de libéralisation et de mesures plus proches de ce qu'il avait lui-même appelé dans le passé le « travaillisme à la française ». Mais il existait cependant un espoir que les mesures consistant à libérer l'initiative privée, à diminuer les impôts, à limiter les pouvoirs de la bureaucratie seraient au moins partiellement adoptées. Ces espoirs se sont évanouis dès le début, par exemple lorsque Alain Juppé a convoqué les préfets, peu après sa nomination au poste de Premier ministre, pour leur dire qu'ils étaient responsables de la lutte contre le chômage dans leurs départements ! Certes, on ne lui avait sans doute pas appris à l'ENA que les emplois étaient créés par les entreprises et pas par les préfets. Mais cette vision volontariste et administrative, complètement irréaliste, était bien le signe que rien n'avait changé et que les gouvernants ne comprenaient absolument rien aux problèmes économiques. Les hausses d'impôts annoncées peu après en apportaient une preuve supplémentaire. Il est donc tout à fait évident que le gouvernement d'Alain Juppé n'a compris ni les leçons de l'histoire précédente ni le message que les électeurs lui avaient envoyé. Avec une capacité extraordinaire à persister dans la mauvaise direction, au lieu d'essayer de répondre à l'attente de son électorat, ce gouvernement a choisi à la fois de commettre une erreur majeure sur le plan de la politique économique et une faute politique grave, en essayant de charmer le centre ou la gauche. Cette erreur avait déjà été la raison profonde de l'échec de Valéry Giscard d'Estaing en 1981 et de l'échec de Jacques Chirac en 1988. En un sens, les électeurs ont fait des choix logiques : puisque la droite n'avait rien de substantiellement différent des solutions socialistes à proposer, pourquoi ne pas élire des socialistes pour les mettre en œuvre ? Ils étaient en tout cas forcés de constater qu'ils avaient été trahis d'une manière particulièrement insupportable. Et pourtant, le président de la République et le gouvernement Juppé bénéficiaient d'une occasion inespérée, puisqu'une période de trois ans sans élections – entre 1995 et 1998 – leur permettait de commencer sans délai les grandes réformes qui s'imposaient. En effet, toute transition est difficile et il faut attendre un peu de temps avant que les effets bénéfiques d'une réforme apparaissent : ainsi, une baisse des taux d'impôts risque de provoquer une augmentation provisoire du déficit budgétaire avant que l'expansion économique qui en résulte permette un accroissement des rentrées fiscales au bout d'une période d'environ deux ans. Or les grandes lignes du programme de politique économique qui s'imposait étaient claires : une baisse profonde et rapide des taux d'impôts les plus désincitatifs, un ralentissement des dépenses publiques, le développement des fonds de pension, l'atténuation du monopole de la Sécurité sociale, la suppression de réglementations paralysantes sur le marché du travail, toutes réformes qui restent à faire plusieurs années plus tard. Et l'on se prend à rêver sur ce que serait la prospérité des Français à l'heure actuelle si les gouvernants et les parlementaires de droite n'avaient pas régulièrement trahi leurs électeurs.

Bien entendu, on a fait l'erreur à cette époque, comme on le fait constamment, d'interpréter les difficultés économiques de la France comme le simple point bas d'une évolution cyclique. Il était ainsi facile d'attribuer ces difficultés, par exemple, à une politique de taux d'intérêt élevés. Mais la croissance économique et l'emploi ne dépendent pas essentiellement des taux d'intérêt et l'on peut d'ailleurs facilement imaginer une économie prospère à condition de disposer de fonds propres abondants, c'est-à-dire d'une épargne placée en titres de propriété sur des entreprises, par exemple sous forme d'actions. La France souffre en réalité, hier comme aujourd'hui, de difficultés durables qui tiennent fondamentalement au processus de collectivisation croissante qu'elle subit depuis des décennies et en particulier depuis 1981. Il est d'ailleurs frappant de constater que l'augmentation continue des prélèvements obligatoires (en dehors d'une légère inflexion en 1986-1988) a été parallèle à celle du chômage. Ce processus a une conséquence claire : le produit de leurs efforts étant dans une large mesure confisqué et leur bien-être dépendant de manière croissante de ce que l'État et les organismes dits sociaux veulent bien leur donner, les individus sont de moins en moins *incités* à faire des efforts de travail, d'épargne et d'innovation, en un mot d'entreprendre. C'est aussi la raison pour laquelle une réforme fiscale de grande ampleur aurait dû être la priorité de tous les gouvernements de droite qui se sont succédé. Et ne pourrait-on pas même imaginer qu'une telle politique soit adoptée par un gouvernement de gauche qui serait véritablement désireux d'améliorer le sort des citoyens ? Après tout, nous avons l'exemple – couronné de succès – de la Nouvelle-Zélande, où un gouvernement travailliste a décidé en 1985 de réduire rapidement et considérablement les taux les plus élevés de l'impôt sur le revenu : le taux le plus élevé est passé en trois ans de 66 à 33 %[7]. Il en est résulté une accélération de la croissance et un excédent budgétaire a même remplacé le déficit.

C'est donc la destruction des incitations productives qui explique fondamentalement la léthargie durable de l'économie française et aucune amélioration ne peut être espérée aussi longtemps

---

7. Nous examinons plus en détail l'expérience de la Nouvelle-Zélande au chapitre IV.

qu'on ne les aura pas restaurées. Or les réponses que tentent généralement de donner les gouvernements – aussi bien que les prévisions faites par les experts – sont totalement inadaptées. Elles reposent en effet sur des conceptions inspirées des préceptes keynésiens, dont on ne dira jamais assez qu'ils ne sont pas fondés sur une analyse économique cohérente et qu'ils conduisent à des erreurs très nuisibles.

HISTOIRE D'UN ÉCHEC ANNONCÉ : LES ANNÉES JUPPÉ

Peu après son arrivée au pouvoir, Alain Juppé avait mis en œuvre son « plan emploi ». À la même époque, les conjoncturistes, équipés de leurs modèles, annonçaient la reprise. Pour ma part, je n'ai jamais cru au succès du premier et aux prévisions des autres[8]. Comme le disait Jacques Rueff : « Ce qui doit arriver, arrive. » Or ce qui devait arriver est arrivé : un an plus tard, il y avait 160 000 chômeurs supplémentaires, la croissance stagnait, les recettes fiscales étaient plus faibles que prévues, le déficit

---

8. *Cf.*, par exemple, mon interview « Le plan emploi de Juppé est un plan chômage », *Le Nouvel Économiste*, 25 août 1995 ; et mon article « The faults of french economic policy », *The Wall Street Journal – Europe*, 5 septembre 1995.

de la Sécurité sociale semblait incontrôlable, les citoyens étaient moroses et les conjoncturistes se décidaient enfin à douter de la reprise sans pour autant remettre en cause la validité de leurs modèles. Il était certes de l'intérêt politique d'Alain Juppé et de son gouvernement que sa politique réussisse, il était de l'intérêt des conjoncturistes que leurs prévisions soient bonnes. Pourquoi les uns et les autres ont-ils fait faillite ? Tout simplement parce qu'ils croyaient à des idées fausses, comme la plupart des hommes politiques français. La pensée économique d'Alain Juppé relevait en fait de la pensée magique, les incantations permettant de se passer de la compréhension de la réalité. Le schéma était simple : si la croissance était faible, si le chômage était élevé, c'était tout simplement parce que la demande était insuffisante, en particulier la demande de biens de consommation. En effet, du fait des incertitudes, les « ménages » s'abstenaient de consommer et épargnaient trop. Il fallait donc « rétablir la confiance » pour relancer la consommation, donc la demande, et finalement la production et l'emploi. Comment alors « rétablir la confiance » ? En affichant une volonté vigoureuse de rétablir les « grands équilibres », ce vague objectif auquel on sacrifie tous les « microéquilibres » depuis Raymond Barre, sans jamais pouvoir l'atteindre. Et, pour renforcer les effets attendus de cette « politique de confiance », le gouvernement, fidèle à sa vision mécaniciste et keynésienne de l'économie, avait introduit un certain nombre de gadgets censés stimuler la consommation. Il fut ainsi décidé d'accorder des incitations fiscales à ceux qui déplaceraient des ressources de leurs comptes d'épargne vers la consommation et des subventions à ceux qui achèteraient des voitures neuves. Cette dernière mesure, en plus de son effet négatif sur les dépenses publiques, a eu également des effets sectoriels négatifs – comme on pouvait s'y attendre – par exemple une baisse d'activité dans le secteur des réparations automobiles. Telle est la manière dérisoire dont se pratique la politique économique en France. Car ce type de mesures n'est malheureusement pas isolé dans l'histoire économique récente de la France et nombreux sont les gouvernements et ministres des Finances qui auront proclamé qu'ils faisaient une politique de relance en donnant quelques incitations fiscales – en particulier pour réduire l'épargne –, en distribuant des subventions ou en lançant quelques programmes de dépenses publiques !

Ainsi, faute d'avoir eu le courage de réduire les dépenses publiques, le gouvernement a essayé de réduire le déficit du budget étatique et de l'assurance-maladie monopolistique et publique par des augmentations des prélèvements obligatoires qui n'ont fait qu'aggraver la situation. Depuis des décennies, en effet, la France doit faire face au double problème du déficit du budget public et du budget de la Sécurité sociale. En réalité les deux problèmes sont liés et se renforcent : les excès de prélèvements, en tuant les incitations productives, freinent la croissance et donc les recettes, qu'il s'agisse des impôts ou des cotisations sociales. En augmentant impôts et cotisations dans l'espoir de combler les déficits, le gouvernement ne fait que renforcer le cercle vicieux dans lequel les Français se trouvent piégés depuis longtemps. Mais, au lieu d'avoir le courage de diminuer les dépenses publiques et de supprimer les monopoles publics – c'est-à-dire en autorisant la concurrence – pour tous les systèmes dits sociaux – assurance-maladie, assurance-chômage, retraites –, le gouvernement Juppé a décidé non seulement l'augmentation des impôts et cotisations sociales, mais aussi de pratiquer une politique de contrôle de l'offre dans le domaine de la santé. Ainsi, il a infligé aux médecins une punition collective en leur imposant une augmentation de leur contribution au système de Sécurité sociale. Une semblable sanction collective était injustifiée d'un point de vue pratique, puisque le déficit de la Sécurité sociale était essentiellement dû à la faiblesse des recettes – elle-même provoquée par les excès de prélèvements obligatoires – et au fonctionnement extraordinairement inefficace du secteur public des hôpitaux. Mais elle était aussi moralement scandaleuse puisque aucun médecin en particulier ne peut être tenu pour responsable des défauts d'un système dans lequel on l'oblige de fonctionner, ni des erreurs de politique économique. C'est donc un gouvernement de droite – ultralibéral diraient même ses adversaires de gauche – qui a donné l'un des pires exemples de politique antilibérale et immorale !

Les augmentations d'impôts et de cotisations sociales, quant à elles, ne pouvaient que freiner la croissance et l'emploi et elles étaient, pour cette raison, incapables de résoudre le problème du double déficit, celui du budget public et celui de la Sécurité sociale, comme cela s'est évidemment avéré être le cas. Mais elles avaient par ailleurs, elles aussi, un caractère de profonde immoralité. En effet, Jacques Chirac avait été élu sur un programme qui comportait en particulier une baisse de un tiers en cinq ans de l'impôt sur le revenu. Mais, dès la première année, il augmentait les prélèvements obligatoires de manière significative. Que dirait-on d'un commerçant qui vous promettrait de vous livrer un certain bien à un prix décidé à l'avance et qui vous imposerait un prix plus élevé à la livraison ? Dans la société civile, heureusement, ces pratiques immorales sont impossibles et/ou sanctionnées. Dans le domaine public, elles sont censées être justifiées. Pourquoi le standard de la moralité serait-il différent selon que les hommes agissent librement en subissant la discipline de la concurrence ou qu'ils agissent en utilisant la contrainte publique ? Mais en France – pays où l'on se pique pourtant d'être le berceau de la rationalité –, on part en guerre contre le capitalisme, système pourtant fondé sur le respect des autres, le respect de la parole donnée, le respect d'une morale universelle, et l'on glorifie l'État, le lieu de la contrainte et de l'immoralité... Comprenne qui pourra...

Pour en revenir à notre récit, il est vrai qu'en 1996 Alain Juppé a annoncé un programme de diminution des impôts, mais ce programme venait trop tard et était trop modeste pour pouvoir modifier radicalement la situation : ainsi, les baisses d'impôts sur cinq ans annoncées par le gouvernement Juppé étaient plus faibles que les augmentations décidées au cours de la première année de ce gouvernement ! En outre, au lieu de diminuer surtout les taux marginaux les plus élevés de l'impôt sur le revenu – car ce sont eux qui sont les plus injustes et qui freinent le plus l'activité économique des plus productifs, aux dépens de tout le monde –, le gouvernement a décidé une diminution égale et très faible de tous les taux. La réforme a aussi conduit à exempter environ un million de contribuables potentiels de tout impôt sur le revenu. Il en résulte qu'au total plus de la moitié de ces contribuables potentiels ne paient pas d'impôt sur le revenu et qu'ils ont donc le sentiment que l'État ne coûte rien et que l'on peut indéfiniment lui adresser des demandes.

En effet, l'impôt sur le revenu est l'un des rares prélèvements (avec l'ISF, payé par une minorité de gens, et les droits de succession) à être véritablement douloureux, contrairement, par exemple, à la TVA ou aux cotisations sociales qui, étant prélevées auprès des entreprises, ne sont pas ressenties comme douloureuses par la plupart des citoyens. En réalité, bien sûr, ils en supportent le poids, mais ils n'en sont pas conscients. C'est pourquoi, au lieu de chercher à prélever l'impôt sur le revenu à la source – comme on cherche actuellement à le faire –, il vaudrait bien mieux rendre les cotisations sociales douloureuses en les prélevant auprès des assurés eux-mêmes au lieu de les prélever auprès des entreprises. Après tout, les sommes en question appartiennent aux salariés et il serait légitime de les leur laisser avant qu'ils ne soient obligés de payer leurs cotisations. Ils verraient alors probablement que leur fameux système de protection sociale ne vaut pas ce qu'il leur coûte ! Le prélèvement à la source est donc un formidable instrument dans les mains des gouvernements pour extraire toujours plus de ressources des mains de ceux qui les ont créées. Et, comme il se doit, c'est un gouvernement de droite qui cherche à généraliser cet instrument de l'esclavage fiscal. On rencontre, ici aussi, un formidable renversement des discours : les mêmes gouvernements qui réclament toujours plus de transparence de la part des entreprises privées sont continuellement à la recherche des moyens d'accroître l'opacité de leurs propres actions ! Reposant sur un concept totalement imaginaire de « confiance », mais renforçant en réalité l'emprise de l'État sur les citoyens, la politique économique d'Alain Juppé ne pouvait qu'échouer. Ce qu'elle a fait. Il est alors légitime de se demander comment on peut être ignorant du véritable comportement des individus au point de croire que les citoyens prennent leurs décisions les yeux fixés sur les promesses d'un avenir radieux proférées par les technocrates et les politiciens, cet élément fugace et indéfinissable qu'est la confiance jouant le rôle essentiel de ce point de vue ? Ce qui détermine les décisions des individus, ce sont des choses bien plus concrètes et bien plus évidentes : si un entrepreneur n'embauche pas, c'est tout simplement parce qu'il n'y a pas intérêt, les prélèvements obligatoires étant trop élevés et la réglementation trop contraignante pour qu'il vaille la peine de prendre de nouveaux risques. Si un individu ne consomme pas, c'est parce qu'il n'en a pas les moyens. Et, de toute façon, s'il épargne au lieu de consommer, son épargne ne disparaît pas, elle conduit simplement à substituer une demande de biens d'investissement à une demande de biens de consommation. Plus généralement, tous les membres de la technocratie française – de même que ceux de la classe politicienne qui en est largement issue – et tous les

63

producteurs de modèles économiques sont nourris d'un keynésianisme vague consistant à croire à une mécanique globale dans laquelle l'élément moteur se trouverait être la demande et, plus précisément, la consommation.

Or il est ironique de voir que l'inventeur de l'une des plus grandes erreurs intellectuelles de notre temps, à savoir John Maynard Keynes, s'il a certes cru que l'on devait et que l'on pouvait agir sur la demande globale pour relancer l'activité économique, n'a jamais osé défendre l'idée que la relance par la consommation était concevable. La politique économique française repose donc sur un abâtardissement d'une théorie économique erronée ! Cela n'est certes pas surprenant si l'on prend conscience du fait qu'une grande partie des décideurs publics est formée au même moule intellectuel – celui de l'ENA – et que la formation en théorie économique qui y est donnée ne contient pas suffisamment d'approfondissement économique pour la plupart de ses étudiants. Un monopole est toujours mauvais, il l'est particulièrement dans le domaine de la pensée et il conduit à un conformisme unique au monde dans la décision publique. C'est ainsi que l'alternance politique se traduit par un changement des possesseurs du pouvoir et non par un changement de politique économique. La conséquence des erreurs intellectuelles des dirigeants publics est en tout cas devant nos yeux : c'est la faillite totale d'une politique économique, qui n'a certes pas été seulement celle d'Alain Juppé, mais celle que tous les gouvernements ont menée avec constance depuis vingt à trente ans et dont on aurait pu espérer qu'elle soit définitivement abandonnée, compte tenu de la gravité de la situation et des espoirs d'une autre politique économique que chaque campagne électorale pouvait faire naître.

Car cette autre politique économique existe bien. Elle passe par la restauration des incitations à travailler, à produire, à innover, à épargner et elle implique donc fondamentalement un retour à la discipline de la responsabilité individuelle. Mais ce dernier ne peut pas se faire sans un retour à la liberté contractuelle et sans une diminution rapide et profonde des prélèvements obligatoires. La relance ne peut pas venir de la consommation, mais de l'épargne et, plus généralement, de la renaissance des incitations à produire. La diminution du chômage ne peut pas venir de cette grande illusion qu'est la diminution de la durée du travail, mais, bien au contraire, d'une liberté de choix permettant à ceux qui le désirent de travailler plus et d'en recueillir les fruits.

La mise en œuvre d'une politique radicalement différente aurait été, hier comme aujourd'hui, une tâche exaltante et historique pour des visionnaires capables de briser le conservatisme du système français et de comprendre le fonctionnement des sociétés humaines. Cette politique de rupture avec le passé, on pouvait avoir l'espoir qu'elle soit adoptée lorsqu'on a appris la nomination d'Alain Madelin au poste de ministre de l'Économie et des Finances en 1995. Pour ma part, j'étais d'autant plus optimiste de ce point de vue que nous avions tous deux préparé depuis plus d'un an, avec l'aide d'une petite équipe d'économistes issus de l'université et de l'administration, un projet complet de réforme fiscale qui aurait enfin permis le décollage de l'économie française. Tout le monde savait d'ailleurs que le programme économique de Jacques Chirac, alors qu'il était candidat aux élections présidentielles, s'était largement inspiré des idées d'Alain Madelin et de son mouvement, Idées-action. Le ralliement d'Alain Madelin avait apporté à Jacques Chirac l'appui décisif dont il avait besoin, grâce au vote d'un grand nombre de Français qui ont vraiment cru au changement, qui ont vraiment pensé qu'on allait enfin mettre fin à la dérive monstrueuse du tout État et redonner sa place à la discipline de la responsabilité individuelle[9]. Tous ces

---

9. En 1984, alors que le socialisme était de plus en plus déconsidéré dans l'opinion française, Jacques Chirac, soucieux de suivre celle-ci et percevant la montée des idées libérales, m'avait demandé de réaliser une grande interview qui a paru dans *Le Figaro Magazine* (14 avril 1984) et qui lui permettait d'afficher des convictions libérales (dont il a d'ailleurs aisément pris l'exact contre-pied quelques mois plus tard). Lorsque Alain Madelin a décidé de se rallier à Jacques Chirac pour la campagne présidentielle de 1995, je lui ai apporté une copie de cette

hommes et ces femmes qui, jour après jour, s'épuisent à produire et à créer en dépit d'obstacles réglementaires et fiscaux croissants, espéraient sincèrement la reconnaissance à laquelle ils ont droit. Ils ont été par la suite victimes d'une terrible trahison, celle dont se sont rendus coupables Jacques Chirac et Alain Juppé. Bien qu'éminemment regrettable, la démission d'Alain Madelin de son poste de ministre de l'Économie et des Finances était alors peut-être devenue inéluctable. Elle a été en tout cas un événement politique majeur dont les conséquences se sont fait sentir de manière durable. Elle a constitué un triste symbole de la situation française, car elle représentait l'échec de la rénovation libérale contre tous les conservatismes, qu'ils soient de droite ou de gauche. Qu'on ne s'y trompe pas, en effet, cet événement ne prouvait en rien que les solutions libérales étaient inadaptées, puisqu'elles n'ont jamais été essayées, mais seulement qu'elles étaient inacceptables pour la caste au pouvoir.

L'interventionnisme croissant des gouvernements français successifs nous a plongés dans une crise économique dont nous ne sommes toujours

---

interview en y joignant le petit mot suivant : « Chirac a déjà été libéral. » Il m'a regardé en souriant et en me disant : « Mais cette fois, je crois qu'il a vraiment changé. » Un libéral, sans doute parce qu'il est naturellement confiant dans les autres hommes, fait parfois des erreurs d'appréciation...

pas sortis au bout de trois décennies, alors que les crises de ce XIXe siècle capitaliste si décrié par des idéologues mal informés ne duraient qu'un ou deux ans. Et contrairement à ce que le candidat Chirac avait laissé espérer, on n'a proposé aux Français que la continuation de la même politique. À plusieurs reprises, les électeurs français ont montré par leur vote qu'ils souhaitaient sortir leur pays du collectivisme. Mais cette légitimité démocratique a été foulée aux pieds par des gouvernements d'hommes et de femmes sans convictions et dont le credo consiste essentiellement à céder aux injonctions d'une bureaucratie syndicale dont la représentativité s'arrête presque aux frontières de la fonction publique.

Une chose est donc devenue parfaitement claire : l'opposition essentielle n'est pas celle qui existe entre la droite et la gauche, mais celle qui existe entre les libéraux et les conservateurs. Les libéraux, au nom de la morale, mais aussi de l'efficacité, souhaitent libérer les initiatives de tous, qu'ils soient salariés, entrepreneurs, créateurs. Ils estiment en effet qu'aucun homme de l'État, aussi intègre soit-il, ne peut et ne doit se substituer aux décisions responsables d'hommes et de femmes libres. Les conservateurs, pour leur part, sont les défenseurs de la pyramide de privilèges qui constitue l'essence même de l'État. Qu'ils soient de gauche ou de droite, ils se battent pour obtenir et conserver le pouvoir d'État, et non pour rendre le pouvoir aux citoyens.

Reprenant une expression qu'utilisait également Alain Madelin, Alain Juppé avait exprimé le souhait – dans son intervention concernant la démission de ce dernier – de réduire la fracture sociale de notre pays. Mais son langage montrait bien qu'il existe en fait deux visions différentes de la société française. Formé dans le sérail, entouré des membres du sérail, Alain Juppé adoptait les clivages traditionnels qui tendent, par exemple, à opposer le monde des nantis au monde des exclus, ou le monde des capitalistes au monde des travailleurs. Mais les véritables fractures sociales – celles qu'Alain Madelin avait su percevoir –, ce sont, aujourd'hui comme hier, celles qui existent entre, d'une part, tous ces hommes et ces femmes, riches ou pauvres, qui travaillent, qui imaginent, qui entreprennent et, d'autre part, ceux qui vivent de transferts et de privilèges ; ce sont celles qui existent entre ces hommes et ces femmes qui gagnent honnêtement leur vie et tous ceux qui s'enrichissent par la corruption ; ce sont celles qui existent entre tous ceux qui respectent la parole donnée dans un contrat privé et ceux qui croient pouvoir oublier leurs promesses parce qu'ils disposent du pouvoir d'État. Le vrai fossé, c'est celui qui existe entre une nomenklatura publique, irresponsable et inamovible, et tout ce peuple d'hommes et de femmes actifs qui ont l'angoisse du lendemain : salariés qui risquent de se retrouver au chômage, artisans, petits entrepreneurs suspendus à leurs bilans et menacés par le fisc, travailleurs indépendants dont le sort quotidien dépend de leurs efforts et de leur imagination.

Le dialogue social évoqué par tous les conservateurs – il l'a été en son temps par Alain Juppé – n'est rien d'autre qu'un dialogue corporatiste entre nomenklaturistes politiques et syndicaux. Le vrai dialogue social, c'est celui qui résulterait de la liberté rendue à tout ce peuple d'actifs qui font de notre pays un grand pays en dépit des obstacles inouïs que la classe politique et administrative met sur leur chemin.

LE PRINCE DE L'IMMOBILISME

Le consensus idéologique est si fort en France dans la classe politique qu'il est difficile de différencier les positions de la droite et de la gauche, de même que les politiques mises en œuvre par un gouvernement de droite et par un gouvernement de gauche : de manière générale, tous s'accordent pour accroître indéfiniment les pouvoirs étatiques. Mais il en résulte évidemment que les luttes de personnes pour le pouvoir se substituent aux débats d'idées. C'est apparu de manière particulièrement frappante avant l'élection présidentielle et les élections législatives de 2002. Ces échéances électorales auraient pu être l'occasion de présenter aux Français un choix clair entre le maintien de l'« exception française » et l'adoption de politiques de libéralisation énergiques et rapides. Cela aurait été d'autant plus justifié qu'une grave crise morale et politique était déjà patente en France. Celle-ci était évidemment le produit naturel du fonctionnement de la social-démocratie, c'est-à-dire d'une situation où le sort de chacun dépend des jeux complexes et imprévisibles des groupes de pression arbitrés par des gouvernants qui manquent singulièrement de vision à long terme et dont les décisions consistent souvent à céder aux manifestations de rue et aux grèves. Mais cette crise était aussi le produit du climat malsain qui était né au fil des mois de la multiplicité des affaires de corruption dans lesquelles se trouvait impliqué un nombre important de personnalités politiques de droite et de gauche. Il en résultait de toute évidence une méfiance de la population à l'égard des hommes politiques. On pouvait en trouver en particulier la manifestation dans le très faible taux de participation des électeurs – 30,19 % ! – au référendum de septembre 2000 concernant la réduction du mandat présidentiel de sept à cinq ans. Il existait en effet un écart étonnant entre les préoccupations de la population et celles du pouvoir politique : alors que beaucoup de Français ressentaient de profondes frustrations, étaient bloqués dans le développement de leurs activités par des réglementations et des charges fiscales toujours croissantes, alors qu'une partie non négligeable des jeunes Français les plus brillants et les plus actifs partait vers l'étranger, le pouvoir politique ne s'adressait à eux que pour régler cette question constitutionnelle secondaire, avant de se passionner pour un autre débat, celui qui consistait à savoir si l'élection présidentielle de 2002 devait prendre place après les élections législatives – comme cela devait normalement être le cas – ou s'il fallait inverser les deux élections, comme le gouvernement Jospin le souhaitait pour des raisons de pure stratégie politicienne.

Une interview télévisée de Jacques Chirac en 2000 a donné une illustration hallucinante de la capacité des gouvernants à ignorer les attentes profondes des citoyens. Les échéances électorales de 2002 étant présentes dans tous les esprits – non pas seulement en ce qui concerne la fixation d'un calendrier, mais plus profondément à cause des enjeux possibles de ces élections –, on aurait pu s'attendre à ce que Jacques Chirac profite de cette interview pour livrer sa vision des problèmes majeurs du pays. Or il vaut la peine de citer ce qu'il a dit à propos de ces futures élections : « Nous sommes en 2000. Les élections présidentielle et législatives, ou législatives et présidentielle, auront lieu en 2002. Entre-temps il y a 2001. Je ne suis pas découragé par quoi que ce soit [...]. J'en ai vu de toutes les couleurs ! [...] L'année 2001 doit être une année [...] où l'on ait les réformes nécessaires, où l'on profite de la croissance que nous avons aujourd'hui. [...] Et, à partir de là, l'année 2001 ayant [...] été utile pour les Français – et, donc, pas consacrée à la bataille politicienne –, nous arriverons normalement et dignement aux échéances de 2002. » Les Français ont ainsi appris de la bouche de leur Président qu'entre l'année 2000 et l'année 2002 il y avait l'année 2001 ! Ils attendaient certainement autre chose de lui.

Longtemps j'ai cru qu'on pouvait appliquer à Jacques Chirac ce que l'on a dit à une époque d'un président américain, à savoir qu'il n'avait jamais trahi ses convictions, pour la simple raison qu'il n'en avait pas. Mais la situation est en réalité bien plus grave, car Jacques Chirac a des convictions, mais elles consistent systématiquement à exprimer des opinions de gauche. Toujours prêt à critiquer le capitalisme, la spéculation, la recherche du profit, prêt à distribuer des subventions, à accroître les interventions étatiques, Jacques Chirac ne rate pas une occasion de défendre les idées de la gauche la plus traditionnelle, car tel est le consensus idéologique de la classe politique française (mais aussi des médias et des enseignants).

Mais revenons sur le passé : Jacques Chirac, c'est deux échecs à l'élection présidentielle (1981 et

1988) ; une cohabitation mal gérée en 1986-1988, alors que les Français étaient vraiment lassés du socialisme ; une victoire de justesse à l'élection présidentielle de 1995, en grande partie à cause du ralliement malheureux d'Alain Madelin qui l'avait fait décoller dans les sondages, mais qui en a été remercié en étant renvoyé au bout de trois mois de son poste de ministre des Finances ; une réélection miracle en 2002, due à l'éparpillement des voix de gauche et à la peur du Front national. Pourtant, lorsqu'il avait été élu président de la République pour la première fois en 1995, Jacques Chirac avait tous les atouts en main : une majorité inespérée, pas d'élections pendant trois ans, des socialistes en déroute. Il aurait pu, en quelques mois, réaliser les réformes qui auraient transformé la France (réduire les dépenses publiques, diminuer les impôts, en particulier en ce qui concerne l'impôt sur le revenu, établir la concurrence dans l'assurance-maladie, créer des systèmes de retraite par capitalisation, etc.). On l'a vu, c'est tout le contraire qui a été réalisé et c'est pourquoi on peut dire que les électeurs ont été trahis, comme ils le seront à nouveau en 2002.

1986, 1993, 1995, 2002, que d'occasions perdues ! Chaque fois les électeurs ont manifesté leur rejet du socialisme et leur volonté de réforme, chaque fois le Parlement et le gouvernement n'ont pratiquement rien su faire d'autre que de gérer le socialisme, tout en réalisant de très timides réformes. Et chaque fois, bien sûr, les électeurs, qui espéraient une véritable rupture avec le socialisme, se sont sentis floués ! Certes, en 1986 et 1993, on s'est trouvé dans cette situation ambiguë de la cohabitation, avec une Assemblée à droite et un Président de gauche. Mais une timidité excessive envers un Mitterrand particulièrement retors et l'absence d'une véritable volonté réformatrice de la part de la nouvelle majorité de droite ont empêché le Parlement de jouer le rôle que l'on pouvait légitimement attendre de lui : traduire la volonté exprimée par les électeurs en détruisant par de nouvelles lois l'édifice précédemment construit par les socialistes et affirmer qu'un président socialiste était dénué de véritables pouvoirs devant une telle assemblée.

En tout cas, les difficultés nées de la cohabitation n'existaient pas en 1995 et en 2002. Dans les deux cas le Président disposait d'une forte majorité de droite et dans les deux cas il existait une formidable opportunité pour mettre en œuvre rapidement et vigoureusement une nouvelle politique qui, libérant l'énergie des Français, leur aurait apporté la prospérité. Certes, les transitions ne sont jamais faciles, mais c'est justement une raison de plus pour choisir soigneusement les circonstances qui les rendent aussi faciles que possible. Tel est bien le cas dans les quelques semaines qui suivent une victoire électorale incontestable. Il est alors possible de faire supporter le coût de la transition à tous ceux qui vivaient de protections artificielles et de privilèges divers. Mais on peut être assuré que les gains arriveraient ensuite de manière inévitable et que, profitant alors à tous, ils donneraient au pouvoir réformateur un soutien populaire. C'est ce que l'on a pu constater, par exemple, dans le cas de Ronald Reagan et de Margaret Thatcher qui, tous deux, ont été réélus pour un deuxième mandat avec un pourcentage de voix plus élevé que la première fois, ce qui a bien montré la satisfaction des électeurs. Il est stupéfiant que, pour sa part, Jacques Chirac n'ait pas saisi les deux occasions absolument uniques qu'il avait de pouvoir véritablement entrer dans l'Histoire.

Il ne faut pas oublier de mettre au passif de ces années Chirac cette calamiteuse dissolution de l'Assemblée nationale en 1997 – conformément, dit-on, aux conseils donnés par Dominique de Villepin –, dissolution qui a permis à la gauche de revenir au pouvoir ! Un homme politique qui se respecte, après un tel affront, aurait dû avoir la dignité de démissionner. Il aurait ainsi permis la relève par une nouvelle génération. Il ne l'a pas fait, peut-être parce qu'il a considéré comme une victoire personnelle d'être débarrassé d'un certain nombre de députés « balladuriens » et de pouvoir gouverner avec ceux qui lui étaient finalement plus proches, à savoir les socialistes. Mais il n'en est pas moins inacceptable qu'aux rigidités imposées par l'État français aux citoyens dans tous les domaines de leur vie, s'ajoute une telle rigidité politique. La classe politique n'est sans doute pas capable de le comprendre et de se chercher un autre leader lorsque cela s'imposerait. C'est une caractéristique importante du conservatisme français : le renouvellement des élites politiques se fait très lentement, de telle sorte que ceux qui ont acquis des positions de pouvoir les gardent longtemps, en dépit de leurs échecs et de la faillite de leurs politiques. Est-ce dire qu'il est vain – tout au moins dans de telles circonstances – de conserver l'espoir d'un changement radical et rapide ?

LES UTOPIES SOCIALISTES

Ainsi, alors que le monde se transforme rapidement, que la prospérité s'étend, non seulement du fait des innovations technologiques, mais surtout du fait des profondes réformes institutionnelles qui fleurissent à travers le monde, la France continue à traîner avec arrogance son fameux « modèle social » sans se rendre compte que ce pays jadis si admiré est devenu la risée du monde. Je le constate d'ailleurs bien souvent dans des réunions internationales. Lorsque quelqu'un évoque la situation française, c'est un éclat de rire dans la salle. Voilà où en est arrivé un pays qui fut autrefois une grande nation...

À quoi le pouvoir politique socialiste s'est-il ainsi employé presque exclusivement au cours des cinq années suivant la dissolution de 1997 ? À mettre en place cette inénarrable et destructrice diminution du temps de travail, la fameuse loi sur les 35 heures ! Les contes de fées font rêver les enfants et même souvent les adultes, si l'on en croit l'épopée des 35 heures. Mais parfois ils se terminent mal. Et, si l'on veut rêver, pourquoi ne pas imaginer l'histoire d'un pays où l'on penserait avoir trouvé la recette magique contre le chômage. Cette recette était tellement efficace que le taux de chômage était tombé à zéro. Une loi avait en effet été votée d'après laquelle tout jeune qui entrait sur le marché du travail devait immédiatement prendre sa retraite. Les statistiques étaient là pour le prouver : on distinguait dans la population de ce pays des jeunes en formation et des retraités. Mais point de chômeurs ! Certes, on a constaté peu après que plus personne ne produisait et que tout le monde vivait dans la misère. On l'a attribué à la fatalité, si ce n'est à la mondialisation et à l'immigration, mais personne n'a pensé qu'il pouvait exister un lien entre la fameuse loi antichômage et cette effroyable situation.

On l'aura compris, c'est un jeu semblable et tout aussi effrayant que les politiciens français pratiquent continûment et en particulier avec la loi sur la diminution du temps de travail, votée en 1998. S'il y a du chômage, pense-t-on bien souvent, c'est qu'il « existe » un nombre d'emplois limité dans l'économie française. Il conviendrait donc de mieux « partager » ces emplois. Ainsi, en mettant à la retraite un salarié de manière anticipée, comme les socialistes l'avaient fait à partir de 1981, on le fait passer dans la catégorie statistique des retraités et son poste de travail peut être attribué à quelqu'un de plus jeune qui se trouvait au chômage. Il y a donc un glissement statistique de la catégorie « chômeurs » à la catégorie « retraités ». De cet admirable tour de passe-passe, les politiciens sont prêts à se glorifier en brandissant des bulletins de victoire dans la guerre qu'ils prétendent avoir déclarée au chômage. Le malheur c'est que même ce pur jeu d'illusions ne fonctionne pas[10]. Depuis plus de vingt ans, on multiplie en France les systèmes de retraite anticipée et le chômage ne diminue pas. Il ne diminue pas parce qu'il ne peut tout simplement pas diminuer ainsi, bien au contraire.

La réduction du temps de travail relève de la même logique – ou, plus précisément, du même manque de logique – que l'abaissement de l'âge de

---

10. On pourrait évidemment mettre aussi au chapitre des jeux d'illusions, les propositions d'inspiration gauchiste consistant à voter une loi interdisant tout licenciement !

la retraite et il est affligeant que l'Assemblée nationale française ait pu voter en février 1998 une loi aussi destructrice et absurde que la loi sur la durée hebdomadaire légale du travail. Déjà en 1981, peu après être arrivés au pouvoir, les socialistes avaient décidé d'abaisser la durée légale hebdomadaire du travail de 40 à 39 heures. Cette mesure – comme l'abaissement de l'âge de la retraite décidé à la même époque – n'avait eu aucun effet sur l'emploi, puisque le chômage a augmenté de manière à peu près continuelle depuis cette date. Mais, en 1998, conformément à la promesse électorale qui avait contribué à leur victoire en 1997, les socialistes, alliés aux communistes et aux écologistes, ont décidé que la durée hebdomadaire du travail passerait à 35 heures au 1er janvier 2000 pour les entreprises de plus de vingt salariés et au 1er janvier 2002 pour les autres entreprises. En outre, des aides financières étaient données aux entreprises qui réduisaient la durée du travail avant ces dates.

Comme nous l'avons dit, cette loi partait évidemment de l'hypothèse implicite consternante selon laquelle il existerait un nombre maximum d'heures de travail dans l'économie française. Or il est erroné de penser qu'il « existe » un nombre d'emplois limité pour la raison fondamentale que *chaque emploi est en fait créé par des efforts humains* et que les capacités de création des êtres humains sont illimitées. C'est pourquoi, dans tout pays, il existe potentiellement un nombre illimité d'emplois. Mais ces potentialités ne se traduisent dans la réalité en emplois effectifs que dans la mesure où les efforts productifs ne sont pas systématiquement punis par des excès de réglementations et de prélèvements fiscaux ou sociaux, ce qui est malheureusement le cas de la France et explique son taux de chômage élevé. Mais, selon les conceptions malthusiennes des législateurs français, il faudrait seulement partager plus « équitablement » les heures de travail existantes. La loi de 1998 n'a évidemment pas créé une seule heure de travail supplémentaire dans l'économie française. Bien au contraire, elle en a détruit nécessairement un grand nombre. En effet, elle a conduit à augmenter le coût horaire du travail puisque, d'une part, les salaires mensuels ne devaient pas diminuer en dépit de la baisse du nombre d'heures de travail par mois et que, d'autre part, les entreprises désireuses de maintenir leur niveau d'activité devaient remplacer partiellement des salariés qui connaissaient leur métier par d'autres qui étaient relativement moins bien adaptés. On peut même dire que cette loi était injurieuse à l'égard des salariés puisqu'elle consistait à supposer que tous les salariés sont interchangeables. Pourtant tous ceux qui connaissent l'entreprise, soit comme entrepreneurs, soit comme salariés, savent bien que le plus important est l'adaptation d'un salarié *spécifique* à un travail *spécifique* et la qualification qu'il acquiert ainsi progressivement.

Si l'on décidait de définir l'emploi et le chômage non pas à partir du nombre d'individus qui ont un emploi, mais à partir du nombre d'heures de travail fournies chaque année dans l'économie par l'ensemble des salariés, on s'apercevrait bien que le taux de chômage ne peut pas être abaissé par le fait que les heures de travail sont « réparties » entre plus ou moins de personnes. Loin d'en être diminué, le taux de chômage *véritable* ne pouvait qu'être augmenté par la loi sur les 35 heures. En réalité, la loi de 1998 n'organisait pas le partage du travail, mais le *partage du chômage*.

Cette loi allait même plus loin puisqu'elle récompensait par des subventions les entreprises où l'on décidait de travailler moins sans attendre les échéances légales. Elle s'inscrivait donc dans le cadre de l'un des préceptes fondateurs de la société française d'aujourd'hui : punissons ceux qui travaillent beaucoup, récompensons ceux qui travaillent peu ! Et comme il n'y a pas de miracle – contrairement à ce que semblent penser les députés français –, on ne peut subventionner ceux qui travaillent peu qu'en prélevant sur ceux qui travaillent plus. Or il faut bien voir que tout le système économique et social français était déjà construit sur des principes de ce type : si des hommes et des femmes sont tentés de faire des efforts supplémentaires de travail, d'épargne, ou d'innovation, la plus grande partie des richesses ainsi créées leur est confisquée par les impôts et les cotisations sociales. Par ailleurs, que l'on travaille ou non, que l'on travaille beaucoup ou peu, que l'on fasse un effort d'épargne ou pas, on bénéficie exactement du même niveau de protection sociale et des mêmes allocations, certaines d'entre elles étant même réservées précisément à ceux qui font le moins d'efforts. Il faut d'ailleurs voir une cause essentielle du chômage dans ce système fiscal et ce système de financement des dépenses « sociales » qui consiste à punir ceux qui sont les plus productifs. La loi sur les 35 heures a renforcé le caractère destructeur de richesses et producteur de chômage de ce système !

La loi de 1998 illustre parfaitement ce propos, remarquable par son caractère synthétique, de Margaret Thatcher : « La meilleure politique d'emploi, c'est de ne pas en avoir. » Ce que l'on appelle la politique d'emploi consiste en effet soit à partager les emplois existants par la baisse de la durée du travail ou la baisse de l'âge de la retraite, soit à empêcher les suppressions d'emplois. Or si le chômage existe en France ce n'est pas parce qu'on détruit trop d'emplois, mais parce qu'*on ne crée pas assez d'emplois*. Il est de ce point de vue intéressant de constater que le pourcentage mensuel d'individus qui perdent leur emploi est beaucoup plus élevé aux États-Unis qu'en France, mais que cela n'empêche pas le taux de chômage américain d'être inférieur à 5 %, c'est-à-dire beaucoup plus faible que le taux français, tout simplement parce que chaque mois le pourcentage de ceux qui retrouvent un emploi est considérablement plus élevé aux États-Unis qu'en France. L'explication de ces différences entre les deux pays est simple : les prélèvements fiscaux et les cotisations sociales sont bien plus faibles aux États-Unis qu'en France, la législation du travail y est beaucoup moins contraignante. Pourquoi, en effet, les entrepreneurs français prendraient-ils le risque de créer de nouveaux emplois, alors qu'on leur tient à peu près ce langage : « Si vos projets ne réussissent pas, vous êtes responsable et vous faites faillite ; mais si vous réussissez, l'État vous prendra 70 à 80 % de vos revenus et même parfois plus. »

Si la réduction *obligatoire* de la durée du travail est non seulement totalement inefficace du point de vue de la création d'emplois, mais même nuisible, la réduction du temps de travail n'en serait pas moins souhaitable, dans la mesure, et dans la mesure seulement, où elle serait *désirée* par les deux parties en cause, le salarié et l'entrepreneur. Elle devrait être non pas imposée par voie législative, mais laissée à la liberté contractuelle, ce qui impliquerait d'abandonner toute définition légale du temps de travail (même sous forme de durée annuelle). Il se pourrait alors fort bien que, dans certains cas, il soit souhaité par les uns et par les autres de fixer le temps de travail, dans une entreprise à 36 heures, dans une autre à 28 et peut-être 42 ou 45 dans une autre... Pourquoi ne pas laisser cette liberté ?

Il convient donc d'introduire beaucoup plus de flexibilité dans la détermination du temps de travail et de faire en sorte que cette flexibilité ne soit ni encouragée ni punie, mais qu'elle soit possible. Or certains des défenseurs de la réduction du temps de travail demandaient qu'il existe des incitations fiscales ou des subventions pour encourager cette diminution et la loi de 1998 – comme d'autres lois antérieures – leur avait partiellement donné raison. Ceci implique évidemment de reporter la charge budgétaire correspondante sur les autres, avec le risque que cette surcharge soit à nouveau créatrice de chômage. Si par ailleurs quelqu'un veut travailler 48 heures par semaine, pourquoi ne pas lui en laisser la liberté ? Il faudrait tout au moins qu'il n'en soit pas puni. C'est pourtant le cas aujourd'hui, puisqu'il paiera d'autant plus d'impôts – surtout avec la progressivité de l'impôt sur le revenu – et d'autant plus de cotisations sociales qu'il produira plus de richesses. Il ne recevra rien de plus en contrepartie de ces paiements et impôts accrus. Or imaginons un moment un monde différent, où le système de prélèvements obligatoires ne punirait pas l'effort et où la détermination du temps de travail serait totalement libre. Certains préféreraient, par exemple, travailler beaucoup, en utilisant au mieux leurs capacités, et consacrer une partie de leur salaire à acheter des services qu'ils n'aimeraient pas produire eux-mêmes. En obligeant les gens à travailler moins, on leur supprime cette liberté de choix. En réduisant ainsi le revenu laissé à leur disposition, une fois impôts et cotisations payés, on les incite à se lancer eux-mêmes dans des activités que d'autres feraient bien mieux pour eux. On pousse donc les gens à vivre en quelque sorte en autarcie plutôt que de bénéficier du profit de l'échange et l'on détruit des emplois potentiels. Pourtant, c'est l'échange qui permet à chacun de se spécialiser dans ce qu'il est relativement le plus apte à faire. C'est l'échange qui constitue de ce point de vue un grand facteur de progrès. En réduisant continuellement le temps de travail, on se prive de ce gain. Ce n'est pas la réduction du temps de travail, mais son *augmentation* – ainsi que l'allongement de la vie professionnelle – qui permettrait aujourd'hui de résoudre le problème du chômage, de financer la croissance des dépenses de protection sociale et de mieux satisfaire les besoins concrets des individus.

Ainsi, la réduction du temps de travail peut être une bonne idée à condition qu'elle ne soit pas obligatoire, qu'elle ne soit ni subventionnée ni punie, qu'elle ne soit pas considérée comme une solution au problème du chômage et qu'elle ne rende pas impossible l'augmentation du temps de travail pour ceux qui le désireraient. Par conséquent, plutôt que de réduction du temps de travail, il conviendrait surtout de restaurer la *liberté du temps de travail*.

UNE DROITE TIMIDE ET PEUREUSE

Lorsqu'elle était dans l'opposition entre 1997 et 2002, la droite française ne s'était pas privée de critiquer, fort heureusement, la loi des 35 heures. Mais, revenue au pouvoir, elle fut comme d'habitude saisie par l'effroi à l'idée de détruire un seul élément de l'édifice socialiste qui paralyse les Français. Elle s'est donc contentée d'un « assouplissement » de la loi permettant d'atténuer certains de ses effets nocifs au prix d'une grande complexité et d'une augmentation excessive du salaire minimum, elle-même créatrice de chômage. Parce qu'elle n'a pas le réflexe de la liberté, elle n'a pas compris que la seule véritable solution consistait à revenir à une situation de liberté contractuelle sur le marché du travail. Elle n'a pas compris, plus généralement, qu'il convenait de changer radicalement de vision économique, de renoncer à une approche mécaniciste et globale pour retrouver les ressorts de l'action humaine individuelle.

C'est ainsi que l'inspiration de la politique économique du gouvernement Raffarin, puis du gouvernement Villepin, a ressemblé, hélas, à celle de tous les gouvernements, de droite ou de gauche, qui les ont précédés. Mais l'échec patent de toutes ces politiques – qui a conduit la France dans les derniers rangs de la prospérité parmi les pays européens – n'a pas servi de leçon. Comment caractériser cette politique ? C'est une combinaison hautement incohérente d'un volontarisme économique – que traduit l'importance exceptionnelle de l'interventionnisme étatique en France – et d'un fatalisme qui relève de l'« économie-vaudou » : la croissance et l'emploi seraient le produit de quelques forces magiques supérieures et mystérieuses. « La croissance sera-t-elle au rendez-vous ? », se demande-t-on avec inquiétude, comme si la croissance était un personnage susceptible d'ouvrir à volonté la porte de la France et d'y répandre ses bienfaits. Mais cette pensée magique – autre incohérence – se combine aussi avec un mécanicisme grossier qui conduit à imaginer de manière parfaitement arbitraire quelques vagues relations de causalité : la croissance française serait « tirée » par la croissance extérieure (elle-même inexplicable...) ou par la consommation intérieure (elle-même tout autant inexplicable) ou « freinée » par une guerre en Irak à laquelle nous n'avons pas participé. Pour que la croissance revienne, pour que l'emploi reprenne, il nous faudrait alors attendre... attendre que la guerre en Irak se termine, que la croissance mondiale se redresse, que les consommateurs français fassent leur devoir de citoyen en augmentant leur consommation pour nourrir la croissance nationale.

Et, en attendant que tout cela se produise miraculeusement, le gouvernement agit, c'est-à-dire qu'il dépense, qu'il subventionne et qu'il réglemente. Au lieu de libérer les forces créatrices, il se préoccupe d'aménager l'architecture des pouvoirs : il réforme les procédures électorales pour mieux assurer l'hégémonie du pouvoir en place, il « régionalise » – ce qui risque surtout de multiplier les centres de décision et les dépenses publiques – tout en affirmant sans aucune preuve que ceci apportera – encore une invocation de l'économie-vaudou – « un point de croissance supplémentaire » ! Il y a de quoi être sceptique lorsqu'on se souvient que les fanatiques de l'euro nous promettaient, avant son introduction, qu'il apporterait « un point de croissance supplémentaire ». On a vu ce qu'il en était... : au cours des années récentes, la croissance a été plus forte et le chômage plus faible dans les pays européens qui sont restés en dehors de la zone euro que dans ceux qui en sont membres !

Nous en conviendrons cependant aisément, dans cette course perpétuelle vers l'échec, les gouvernants ont une excuse : ils ne font que répéter les discours de ceux qu'on appelle des experts. Or ces derniers font croire qu'ils ont compris les relations causales qui expliqueraient les phénomènes macro-économiques, mais ils sont pour la plupart, eux aussi, victimes d'une approche mécaniciste. Il ne faut donc pas s'étonner si leurs prévisions s'avèrent rarement correctes. Ainsi, tous les modèles de pré-vision, tout au moins en France, sont fondés sur l'idée, d'inspiration keynésienne, que la croissance économique s'expliquerait par l'évolution de la demande globale ou de certaines de ses composan-tes. Mais on ne dira jamais assez à quel point les propositions principales de la pensée keynésienne ont été destructrices. Cette pensée a marqué une rupture arbitraire avec tout l'acquis de l'analyse économique, fondée sur une démarche rigoureuse et cohérente. La théorie keynésienne a habitué les esprits à raisonner en termes de quantités globales, c'est-à-dire en termes de concepts sans aucun rapport avec la réalité. Elle les a conduits à ignorer la seule caractéristique du fonctionnement des sociétés humaines, à savoir le fait que les individus pensent et agissent[11]. Ainsi, Keynes avait arbitraire-ment distingué des variables macroéconomiques dites exogènes (en ce sens qu'elles seraient déterminées

---

11. C'est pourquoi le meilleur antidote que l'on puisse trouver contre le poison intellectuel keynésien est la lecture du grand livre de Ludwig Mises, *L'Action humaine*, au titre caractéristique.

de manière indépendante par rapport aux autres variables économiques, ce qui est difficile à admettre) – par exemple l'investissement, le déficit public ou le solde commercial – et des variables endogènes, par exemple la consommation. D'après lui, en manipulant les variables exogènes – ces grandes manettes de la machine sociale à la disposition des gouvernements –, on peut faire varier le revenu et l'emploi. L'une des raisons du succès immense et immérité de la théorie keynésienne vient de ce qu'elle a donné une légitimation au déficit public, considéré comme un instrument de relance économique, et plus généralement à l'interventionnisme étatique. Dans des pays où la société est de plus en plus politisée et où l'État prend une place de plus en plus grande dans la formation des opinions, cette pseudo-vérité ne pouvait que prendre racine.

Mais les gouvernants, les « experts » et l'opinion ont trouvé commode d'ajouter la consommation à la liste des variables exogènes, ce que Keynes lui-même n'avait jamais osé faire. Celle-ci est devenue la variable magique des conjoncturistes et l'instrument de prédilection des politiques économiques. L'explication de cette dérive intellectuelle est elle aussi simple à comprendre : en prétendant que l'augmentation de la consommation était capable de « tirer » la croissance, on légitimait les revendications salariales sous le prétexte que les salariés consommaient relativement plus que les autres.

Des gouvernements démocratiques soucieux de l'appui du plus grand nombre possible d'électeurs ne pouvaient qu'être sensibles à cet argument démagogique. Pourtant comment la consommation pourrait-elle jouer ce rôle moteur et autonome, alors qu'on ne peut consommer que ce que l'on a gagné et qu'on ne peut gagner qu'en fonction de ce que l'on a produit ? Il convient donc de remettre les idées à l'endroit et de rechercher quelles sont les forces qui poussent les individus à agir, à produire des richesses (ce qui, en conséquence, leur permettra ensuite de consommer). Privilégier, comme on le fait habituellement, la consommation, c'est aussi faire une autre erreur intellectuelle : c'est supposer que les ressources non consommées, c'est-à-dire celles qui sont épargnées, disparaissent du circuit économique. C'est pourtant bien le contraire qui est vrai : les ressources consommées sont détruites par la consommation, alors que les ressources épargnées sont réintroduites dans le circuit économique pour permettre de produire des ressources supplémentaires. C'est l'effort d'épargne qui permet la croissance, car il signifie renoncer à une consommation présente pour obtenir plus de richesses dans le futur. Si nos gouvernants, faute de faire l'effort de raisonnement minimal pour comprendre les causes de la croissance, s'en remettaient au moins à l'expérience, ils constateraient qu'il existe une relation positive incontestable entre la croissance et l'épargne et entre la croissance et la liberté économique.

Au lieu de raisonner en termes globaux et mécaniques, il faut s'interroger sur le système d'incitations qui conduit les individus à produire davantage, à travailler davantage, à innover davantage, à épargner et à investir davantage. Or les structures institutionnelles de la France sont maintenant telles, après des années de socialisme de gauche et de droite, que tout est fait pour punir les efforts de travail (les 35 heures, les retraites anticipées), de production ou d'épargne (la fiscalité, les réglementations). Dans ces conditions, il est vain d'attendre que « la croissance soit au rendez-vous ».

Il est lassant d'avoir à le répéter indéfiniment : contrairement à ce qu'affirment fréquemment le président de la République et de nombreux hommes politiques, ce n'est pas la baisse des impôts qui est rendue possible par la croissance (une croissance tombée du ciel...), c'est la croissance qui est rendue possible par la baisse des impôts. Ce ne sont pas les dépenses publiques en faveur de l'emploi, le « traitement social du chômage » ou les réglementations contre les licenciements qui feront reculer le chômage, mais le retour à la liberté contractuelle et le reflux de l'État. Si l'on n'a pas compris cela, c'est en vain que l'on attendra le retour de la croissance d'une quelconque relance mondiale, de la fin des conflits dans le monde ou d'une augmentation spontanée de la consommation. Les sources de la croissance existent potentiellement, elles existent dans la France d'aujourd'hui, dans les cerveaux et le courage de ces millions d'entrepreneurs, de salariés, d'épargnants qui seraient prêts à créer des richesses, si l'État ne les spoliait pas par ses impôts et ne les paralysait pas par ses réglementations. Les sources de la croissance ne sont pas extérieures à notre pays, elles sont intérieures, elles ne relèvent pas d'une mécanique globale, mais des efforts innombrables des individus, elles ne sont pas d'ordre matériel, mais intellectuel, c'est-à-dire qu'elles dépendent de l'imagination et du goût du travail de millions d'individus. Mais, pour que leurs qualités et leurs aptitudes s'épanouissent, il faut tout simplement leur en laisser la liberté.

Faute de l'avoir compris, le gouvernement Raffarin devait nécessairement échouer. Un autre gouvernement lui a succédé – celui de Dominique de Villepin – et il était, lui aussi, destiné à échouer, faute d'adopter des conceptions cohérentes avec la réalité de la nature humaine.

Pourtant, il faut le reconnaître, l'instauration du « contrat première embauche » (CPE) par Dominique de Villepin introduisait certes un peu de flexibilité sur un marché du travail paralysé par ses nombreuses rigidités. Mais pourquoi avoir accordé cette plus grande flexibilité uniquement dans le cas où le salarié était âgé de moins de 26 ans, où il était

embauché par une entreprise de plus de vingt salariés et ceci seulement pendant deux ans ? Comme
d'habitude la droite française avance à petits pas,
quitte à battre en retraite dès que l'opposition à ses
projets se fait trop vigoureuse. Et s'il est vrai que
les syndicats et une partie de la population étu-
diante sont particulièrement conservateurs et
n'admettent pas la moindre réforme, pourquoi ne
pas affronter leur opposition à l'occasion d'une
véritable réforme qui changerait le pays en profondeur et de manière durable, plutôt que d'essayer de
faire passer des projets arbitraires et de portée
limitée ? Pourquoi, une fois de plus, n'avoir pas
lancé ces réformes en début de mandat présidentiel
ou de législature, plutôt qu'en fin de parcours ?
Pourquoi, enfin, en choisissant de modifier le
sacro-saint contrat de travail pour la seule population des jeunes, n'a-t-on pas compris que cela
pouvait apparaître comme une mesure discrimina-
toire à l'égard d'une classe d'âge particulièrement
apte à réagir et particulièrement incapable de comprendre la portée d'une telle réforme du fait de
l'éducation totalement biaisée et profondément
anticapitaliste qu'elle a reçue dans des écoles et des
universités possédées et dirigées par l'État ? Pourquoi, par conséquent, n'avoir pas fait la seule
réforme significative, celle qui consisterait à permettre à tous de retrouver la liberté contractuelle
sur le marché du travail ?

Après des semaines de manifestations, au début de 2006, le président de la République a décidé d'annuler la loi sur le CPE, pourtant régulièrement votée quelques jours auparavant par l'Assemblée nationale et le Sénat ! Comme on le sait, cette décision était destinée à mettre fin à la « crise sociale » provoquée par l'opposition d'une partie de la population à ce texte. Elle n'en était pas moins ahurissante et elle a constitué un symbole inquiétant de la dégradation des institutions françaises, un précédent fâcheux pour toute réforme à venir et une faute politique majeure.

À droite comme à gauche, on prétend vénérer la démocratie, ce système d'organisation politique où les décisions sont prises à la majorité des voix. Certes, cette règle n'est pas suffisante pour garantir les libertés individuelles, puisque l'on pourra toujours trouver une majorité pour brimer des minorités. C'est pourquoi les démocraties peuvent facilement devenir tyranniques. Il n'en reste pas moins que la loi de la majorité est préférable à la loi de la minorité. On n'hésite donc pas, heureusement, à dénoncer les situations où une minorité opprime la majorité, comme cela est le cas des dictatures. Mais c'est exactement la même situation que nous avons vécue en France à cette occasion : deux ou trois millions de manifestants imposent leur volonté à la population française et réussissent à faire retirer une loi qui venait d'être votée par le Parlement selon les formes légales. Comment les hommes et les femmes de gauche, qui ont toujours le mot de démocratie à la bouche, peuvent-ils accepter une telle dérision ? Et peuvent-ils encore se dire démocrates alors qu'ils ont soutenu ce mouvement antidémocratique ? On le constate, hélas, une fois de plus, pour la gauche la démocratie est le meilleur des régimes lorsqu'elle leur permet d'être au pouvoir. Mais elle n'a plus de sens lorsqu'elle profite à ses adversaires politiques et il faut alors lui substituer le recours à la force.

Quant à la droite, on doit déplorer, une fois de plus, son incapacité à résister à la rue, à empêcher cette scandaleuse atteinte aux droits qu'a été le blocage des écoles et des universités, et à faire respecter le fondement même de notre système politique, c'est-à-dire le vote d'une loi par un Parlement dont les membres ont été démocratiquement élus. Faut-il rappeler que c'est en tenant tête sans faiblir à des syndicats au début de leurs mandats respectifs que Ronald Reagan et Margaret Thatcher ont rendu possible la mise en œuvre de leurs programmes, ouvrant ainsi la voie à une prospérité sans égale, dont les Français peuvent être jaloux à juste titre ? Notons-le d'ailleurs au passage, il est paradoxal qu'on refuse le droit de vote aux jeunes Français âgés de moins de 18 ans parce qu'on estime qu'ils n'ont pas une maturité politique suffisante, mais qu'on cède devant des manifestations où ils ont tenu une place non négligeable. Ce faisant, ils ont d'ailleurs montré leur ignorance totale du véritable fonctionnement d'une entreprise, ce qui n'est malheureusement pas surprenant, compte tenu du matraquage idéologique auquel ils sont quotidiennement soumis dans leurs écoles, alors qu'ils n'ont jamais mis le pied dans une entreprise : pour eux, un patron d'entreprise est un exploiteur qui n'aurait qu'un objectif, les licencier. Comment ne comprennent-ils pas qu'il faut du temps pour qu'un jeune, nouveau venu dans une entreprise, soit réellement productif et qu'aucun patron digne de ce nom ne souhaiterait licencier un salarié, une fois cette période franchie, tout au moins si celui-ci lui donne satisfaction ? Mais pour la jeune génération, nourrie au sein de l'étatisme, le salaire est un dû et l'emploi un emploi à vie...

Pourtant, afin d'arriver à réduire véritablement le chômage en France, il faudra bien introduire plus de flexibilité dans le contrat de travail, si ce n'est même revenir à la liberté contractuelle. Ceci a été fait dans bien d'autres pays avec succès. L'exemple le plus spectaculaire est sans doute celui de la Nouvelle-Zélande (que nous rappelons au chapitre IV) où une réforme radicale du Droit du travail a été réalisée en 1991 par le nouveau gouvernement conservateur, ce qui a conduit à une baisse considérable du taux de chômage.

C'est juste après les élections présidentielles de 1995 et 2002 qu'une réforme fondamentale du Droit du travail aurait dû être introduite en France. Mais Jacques Chirac a préféré l'immobilisme, dans un monde qui changeait rapidement. Et il termine son second mandat par une grande défaite à propos d'une petite réforme, celle du CPE ! Cet échec est aussi une lourde faute politique : ayant cédé devant la gauche, il ridiculise la droite et il pousse ses électeurs – qui se sentent trahis – soit vers l'abstention, soit vers l'extrême droite, soit même vers la gauche... Et ce psychodrame à la française s'est terminé comme on pouvait malheureusement le prévoir : en renonçant à la réforme et en la remplaçant par la seule chose que les gouvernements français aient jamais su faire : « prendre des sous » aux contribuables français pour les redistribuer au nom d'un quelconque programme fumeux d'insertion... dans une société qu'ils ont contribué à démanteler.

LE VIDE IDÉOLOGIQUE
DE LA DROITE FRANÇAISE

Il n'est pas surprenant que la gauche française – si profondément marquée par le marxisme – ait poursuivi la collectivisation de la société française. Mais *le problème français, c'est sa droite.* Il lui manque à la fois le minimum de fondations intellectuelles qui lui permettrait de comprendre les problèmes de l'époque et l'instinct philosophique minimum qui lui permettrait de réagir dans la bonne direction. La droite française est conservatrice, nationaliste, étatiste. Elle n'est en aucune mesure attachée à la liberté individuelle et elle ne comprend pas qu'une société paisible et prospère repose sur la coopération sociale volontaire que des hommes libres mettent nécessairement en place. À chaque problème, la gauche a une solution qui implique plus de règlements et plus d'impôts – en particulier sur ceux qui sont censés être les plus riches – et dans le climat français elle invoque facilement l'alibi de la justice sociale et de la suppression des « abus ». Mais la droite est incapable d'inventer des solutions radicalement différentes, elle est toujours d'accord avec ces propositions dirigistes ; elle fait de la « sous-surenchère », c'est-à-dire qu'elle se contente d'atténuer les propositions de la gauche au lieu d'en prendre le contrepied. La droite française ignore l'idée de la Liberté.

Il existe alors une terrible complicité au sein de la classe politique française, tous ses membres défendant des idées semblables, qu'il s'agisse du stupide partage du temps de travail, de la spoliation fiscale ou de la défense des « services publics à la française » (tels que ce monstre destructeur qu'on appelle la Sécurité sociale). Ces « services publics » sont les seuls vrais monopoles, puisque seuls ils disposent de marchés captifs, aucun producteur privé n'étant autorisé à les concurrencer, par exemple en offrant des services d'assurance-maladie moins coûteux, plus efficaces et mieux adaptés aux véritables besoins de la clientèle. Il est alors risible – mais attristant – que l'État ou les dirigeants des institutions européennes se permettent de partir en guerre contre de prétendus monopoles privés qui sont en fait toujours soumis à la concurrence potentielle de nouveaux arrivants (sauf, bien sûr, dans les cas où l'État les protège par sa politique protectionniste ou par les obstacles qu'il oppose à l'entrée de concurrents sur un marché, par exemple au nom du patriotisme économique). Mais l'État est pourtant arrivé à faire admettre comme normale la pérennité des monopoles publics qui survivent grâce à la contrainte étatique. Ils sont pourtant les seuls à pouvoir durer indéfiniment même s'ils sont peu efficaces et s'ils imposent des coûts excessifs aux consommateurs[12] ! Dans la sphère privée, la tentation monopoliste peut évidemment exister, mais la menace de la concurrence est toujours présente, ce qui rend impossible de conserver indéfiniment une position de monopole. Et ceci est d'autant plus vrai que la concurrence des entreprises étrangères est rendue possible.

---

12. Sur la grave confusion des idées qui existe au sujet de la concurrence et du monopole, on peut se reporter à notre ouvrage, *La Concurrence*, Paris, PUF, « Que sais-je ? », 1995.

Étant donné qu'ils se battent sur le même terrain idéologique, les hommes politiques n'ont plus qu'une obsession, la prise de pouvoir par la caste à laquelle ils appartiennent. Toute la vie quotidienne des citoyens dépend alors des luttes et des accords – appelés « dialogue social » – qu'entretiennent une nomenklatura réduite d'hommes politiques, de hauts fonctionnaires et de dirigeants syndicaux. Car la France est devenue un pays profondément corporatiste et une véritable « fracture sociale » existe entre cette nomenklatura et les citoyens qui essaient de survivre en dépit des obstacles indéfiniment construits par la caste dirigeante. Les citoyens supportent d'ailleurs de moins en moins les contraintes qu'on leur impose. Beaucoup n'admettent pas d'avoir été trahis comme ils l'avaient été par exemple par le gouvernement Juppé. Il y aurait donc une opportunité formidable pour un politicien de type thatchérien qui apporterait les réponses attendues. Mais ce leader existe-il ? Et même s'il existait, serait-il vraiment suivi ? On peut en effet penser que les solutions libérales ne sont acceptées que par une petite minorité de Français, si on se réfère par exemple au score décevant réalisé par Alain Madelin en 2002. Mais est-il significatif ? On peut ainsi penser que beaucoup d'électeurs ont voté pour Jacques Chirac à cette époque afin d'éviter un éparpillement des voix dommageable à la droite (comme il le fut pour la gauche). Et il y a par ailleurs, semble-t-il, un changement considérable de l'opinion depuis cette date. Un très grand nombre de Français ont maintenant compris que le modèle social français ne fonctionne plus et que des réformes radicales sont nécessaires.

C'est tout de même un étonnant paradoxe que la France soit largement gérée par les leaders des syndicats, en dépit du fait que le taux de syndicalisation des salariés soit l'un des plus faibles du monde (environ 8 %). Comme on le sait bien, les syndicats sont puissants essentiellement dans le secteur public, de telle sorte qu'ils peuvent utiliser efficacement la menace de grèves générales dans les grandes entreprises étatiques (électricité, transports en commun). Simultanément ils bénéficient d'un mythe culturel : le système dominant de collusion-négociation à l'intérieur de la sphère nomenklaturiste – composée des syndicats, des organisations patronales, du gouvernement et de ses satellites publics – est appelé « dialogue social » et « politique contractuelle », en oubliant ainsi que les contrats n'ont de sens que s'ils sont signés par des personnes responsables. En fait, les citoyens ne participent en rien au « dialogue social », mais ils doivent en supporter les conséquences.

Les bureaucrates des syndicats et des organisations patronales adorent le système corporatiste qui leur donne un pouvoir et un standard de vie

103

qu'ils ne pourraient pas obtenir autrement. Et ce statut est bien protégé par la loi contre toute concurrence, puisque seuls les cinq syndicats désignés comme « représentatifs » (par un décret de 1966) peuvent présenter des candidats aux élections professionnelles.

Avec une telle suprématie des intérêts particuliers dans les processus de décision, il n'est pas étonnant que de mauvaises décisions de politique économique soient prises. Mais le pouvoir de la nomenklatura est renforcé par le fait qu'il bénéficie d'un large consensus idéologique, en particulier pour les questions économiques et sociales. Il ne faut pas oublier en effet que la France est, parmi les pays occidentaux, celui où le niveau de compréhension des problèmes économiques est le plus mauvais. Les écoles, les universités, les journaux, les magazines, les chaînes de télévision, les intellectuels et les officiels produisent à peu près tous les mêmes messages vagues en faveur de l'égalitarisme et de l'intervention étatique. Une caste a évidemment un rôle particulièrement négatif, celle des « énarques ». Une grande partie des fonctionnaires de niveau élevé, mais aussi une partie significative de la classe politique sont issues de l'École nationale d'administration. Comme tous ces gens partagent exactement les mêmes opinions (avec, bien souvent, la même arrogance), il n'est pas surprenant que les politiques faites par la gauche et la droite soient semblables. Malheureusement, les membres de cette caste sont de gros travailleurs, de telle sorte que, chaque fois qu'un problème semble se poser, ils ont dans leurs cartons une solution toute prête, impliquant nécessairement plus d'interventionnisme étatique. En fonction de leurs efforts pour optimiser leurs plans de carrière, certains sont plus proches des politiciens de droite, d'autres des politiciens de gauche. Mais ils ont les mêmes idées – ou le même manque d'imagination –, le même comportement, la même langue de bois et la même conviction de leur supériorité.

La pensée dominante est ainsi un mélange d'attitudes technocratiques et d'idéologie égalitariste vague. Assez étrangement, il est souvent proclamé que la France est dominée par la « pensée unique » et que cette pensée unique est inspirée par le libéralisme classique ! Cela témoigne seulement de la terrible confusion des idées qui règne en France. Ainsi, simplement parce que le processus de nationalisations a pris fin, que quelques privatisations ont eu lieu, que les contrôles de prix ont largement disparu – tout en jouant encore un rôle important et destructeur, par exemple dans le domaine de la santé ou de l'énergie –, on pense que la politique économique est inspirée par le libéralisme ! Et comme elle ne fonctionne pas – et ne peut pas fonctionner, n'étant pas libérale –, les gens en tirent la conclusion qu'il y a eu trop de libéralisation et que l'État devrait intervenir davantage.

C'est pourquoi, très profondément, *le véritable problème français est un problème intellectuel*, car non seulement toute la nomenklatura est nourrie d'idées fausses, mais en outre elle peut facilement convaincre une opinion publique à laquelle on n'a jamais fourni d'autres idées. Il y a peu d'espoir de redonner la liberté aux Français – et donc de retrouver la prospérité et de combattre le chômage – si l'on ne met pas fin à la domination de l'ENA et si l'on n'introduit pas plus de concurrence dans les universités et les écoles, permettant ainsi de briser le consensus idéologique qui est à la racine des maux français.

Pour le moment, malheureusement, les responsables politiques de la droite française n'ont pas compris l'importance cruciale de la révolution intellectuelle dont la France a besoin. Ils aiment bien se dire « pragmatiques », sans réaliser que le pragmatisme n'est rien d'autre que le refus de penser. Ainsi, en septembre 2005, le Premier ministre, Dominique de Villepin, mettait en garde contre les « débats idéologiques » qui risquent de « tout enflammer[13] ». Il déclarait : « Il faut l'équilibre et le mouvement » (qu'est-ce que cela peut bien vouloir dire ?), et il ajoutait : « Il faut que, chefs d'entreprise, collectivités, État et salariés, nous ayons la volonté de gagner ensemble. » Voilà encore une

---

13. Interview donnée au journal *Les Échos*, 23-24 septembre 2005.

manifestation de la pensée magique ou de la pensée guerrière : imaginons M. État, M. Chef d'entreprise, M. Salarié qui se donnent la main et qui partent à la guerre économique... Le volontarisme suffit, il n'est pas nécessaire de réfléchir aux causes des maux que l'on veut combattre et donc aux moyens nécessaires pour arriver à ses fins.

Mais lorsque, par miracle, les hommes politiques français manifestent un quelconque intérêt pour les idées, ils tombent évidemment dans le chaudron des idées collectivistes. Ainsi, le gouvernement Villepin a créé trois organismes censés favoriser la réflexion économique et il a mis à leur tête uniquement des hommes de gauche : l'ancien député européen communiste Philippe Herzog pour diriger l'Institut pour l'éducation financière du public, l'économiste socialiste Thomas Piketty pour diriger l'École d'économie de Paris et le patron du *Nouvel Observateur*, Claude Perdriel, pour présider le Conseil pour la diffusion de la culture économique destiné à améliorer les connaissances économiques des Français. On croit rêver ! Comme l'avait déclaré avec lucidité Charles Pasqua[14] : « Quand nous avons gagné les législatives de 1986, nous les avons gagnées avec les intellectuels de droite, qu'ils soient libéraux, gaullistes ou centristes. Nous avons eu la majorité politique parce

---

14. Interview dans *Le Figaro Magazine*, 24 avril 2004.

qu'auparavant nous avions gagné la bataille des idées. Après quoi, nous avons tourné le dos à ceux qui nous avaient aidés. Entre eux et la droite, la méfiance demeure à ce jour. Tant que ce fossé-là ne sera pas comblé, la droite ne peut pas espérer s'installer durablement aux affaires. » Si Charles Pasqua a raison – et sur ce point, certainement, il a raison –, l'avenir est sombre pour une droite qui a constamment méprisé ou ignoré les idées qui ont pourtant fait des victoires politiques durables à l'étranger.

Il y a malheureusement bien longtemps qu'il ne suffit plus de procéder par petites touches. La réforme aurait dû être profonde et rapide. Un très grand nombre de pays ont su le faire, avec succès. Mais il faut pour cela des hommes de conviction et non des nomenklaturistes uniquement préoccupés par leur carrière et leurs privilèges. C'est un véritable drame humain que vivent depuis des années un grand nombre de Français, non seulement ceux qui voudraient travailler et qui se retrouvent au chômage, mais aussi ceux qui ont peur du lendemain et qui n'arrivent pas à recueillir le fruit de leurs immenses efforts ou ceux qui ne peuvent trouver de solution que dans un exil pas forcément désiré. Dans ce drame, la classe dirigeante – qu'elle soit de droite ou de gauche, actuelle ou passée – porte une immense responsabilité. En fait, il serait sans doute plus exact de dire qu'elle est non seulement par nature irresponsable, mais qu'elle est moralement coupable. Elle est coupable d'avoir tué l'espoir, l'espoir de tous ces hommes et de toutes ces femmes qui, malgré leurs talents, leur courage, leur ardeur au travail, leur capacité à imaginer le futur, sont victimes d'une réglementation paralysante, d'une fiscalité profondément spoliatrice. Il est temps que tous ces hommes et toutes ces femmes fassent comprendre aux membres d'une classe politique et administrative qui les ignore et qui les brime que leur faillite n'est pas seulement économique, mais qu'elle est morale et qu'il n'existe en conséquence aucun espoir de relance économique aussi longtemps qu'on n'aura pas rendu aux citoyens le droit naturel de décider pour eux-mêmes.

CHAPITRE III

LE CAPITALISME EST-IL
EN CRISE ?

La chute brutale et spectaculaire de très grandes entreprises – Enron, Worldcom, Andersen ou même Vivendi – a suscité à travers le monde des réactions à peu près unanimes de scepticisme à l'égard du bon fonctionnement du capitalisme, ce qui a incité à demander un renforcement de la « régulation » du marché par les autorités étatiques, c'est-à-dire l'adoption de réglementations plus strictes et l'extension des procédures de surveillance. Dans le débat éternel qui oppose les défenseurs du marché aux partisans de l'interventionnisme étatique, les événements semblent donc donner raison aux seconds. Et les hommes politiques français, si majoritairement friands d'État, ont vite fait de sauter sur l'occasion offerte par ces événements pour exprimer leur crainte du capitalisme, souligner l'instabilité qu'il engendre et, évidemment, réclamer des « régulations » étatiques. Pour répondre à notre souci de trouver des solutions à la grave crise économique et morale à laquelle nous sommes confrontés, il est donc essentiel que nous recherchions dans quelle mesure la méfiance à l'égard du capitalisme est justifiée. Or l'idée selon laquelle le capitalisme serait discrédité et serait une source d'instabilité nous paraît en fait bien hâtive et nous pensons au contraire que les expériences récentes devraient logiquement conduire à une plus grande confiance dans les capacités d'autorégulation du capitalisme.

L'AFFAIRE ENRON :
UN SYMBOLE DE LA CRISE
DU CAPITALISME ?

La faillite spectaculaire, en 2002, d'une firme aussi importante et aussi respectée qu'Enron a eu un retentissement mondial. Elle n'a certes pas été le seul cas notable au cours des années récentes, mais elle a joué et elle joue encore un rôle tellement important dans l'opinion qu'il est justifié de s'y arrêter quelque peu. Il n'est en effet plus possible de s'engager dans une discussion sur le capitalisme sans qu'on vous cite presque immédiatement cette fameuse affaire qui constituerait une preuve décisive de la faillite du capitalisme, aussi bien sur le plan moral que sur le plan économique. Cet épisode serait donc du pain bénit pour tous les contempteurs de la liberté d'entreprendre – ils sont légion dans l'élite nomenklaturiste française – et il ébranlerait la conscience de ceux qui auraient eu spontanément quelque préjugé favorable à l'égard de l'entreprise capitaliste.

Il convient tout d'abord de rappeler que la firme Enron a été un innovateur extraordinaire qui a accompagné et provoqué d'importantes mutations sur le marché de l'énergie. C'est en particulier en grande partie grâce à elle qu'on est passé d'une logique de producteurs d'énergie à une logique d'intermédiation financière dans laquelle la gestion des contrats avec les fournisseurs d'énergie et avec les consommateurs a permis de mieux adapter la production à des demandes très diversifiées. Ces développements ont été la résultante de deux évolutions marquantes de l'époque récente, à savoir, d'une part, l'évolution institutionnelle constituée par la déréglementation du marché de l'énergie et, d'autre part, l'explosion des technologies de l'information et des technologies financières. Ces deux séries de phénomènes n'ont d'ailleurs pas été indépendantes l'une de l'autre, puisque la déréglementation et l'ouverture de la concurrence incitent des producteurs imaginatifs à développer des techniques nouvelles.

Alors qu'Enron était initialement une entreprise de production et de distribution d'énergie, elle est devenue de plus en plus une entreprise de courtage et de gestion des risques. De ce point de vue, elle doit être considérée comme l'une de ces entreprises qui ont joué un rôle de précurseur dans la transformation des processus de production : l'aspect purement matériel de celle-ci s'efface devant les activités d'intermédiation et de conception, apportant une grande souplesse à l'activité économique. Les dirigeants d'Enron ont compris qu'il était erroné de parler de l'énergie ou de l'électricité comme s'il s'agissait là de biens homogènes. En réalité, il est nécessaire de satisfaire des demandes extrêmement diversifiées avec des prix variables selon le moment ou selon les risques – par exemple le risque de coupure électrique – que l'on fait courir au client. En jouant ce rôle d'intermédiaire financier entre un grand nombre de producteurs différenciés et un grand nombre de clients également différenciés, Enron a permis une meilleure adaptation des offres aux demandes, inventant au passage environ quatre cents types de produits financiers nouveaux. Ceci constitue un acquis de technologie financière important que d'autres firmes ont largement récupéré ou imité. De ce point de vue, Enron a été directement ou indirectement un facteur très important de progrès économique. L'ouverture des marchés et l'intensification de la concurrence ont joué ainsi un rôle moteur indispensable. Étrangement, cette dimension particulièrement novatrice d'Enron, rendue possible grâce au capitalisme, n'est plus jamais évoquée, pour laisser la place à la seule dénonciation des erreurs de gestion ou des fraudes qui ont par ailleurs conduit à la catastrophe que l'on connaît. Mais il faut reconnaître que la faillite d'une firme n'est pas la faillite du modèle économique qu'elle a esquissé et dont elle a en quelque sorte permis de faire l'apprentissage, avec ses succès et ses échecs (qui, en l'occurrence, ont malheureusement été accompagnés de pratiques répréhensibles).

Il est clair en effet qu'une activité aussi novatrice présente des risques, d'une part parce qu'elle est à la merci d'un retournement mal anticipé du marché et, d'autre part, parce que les pratiques comptables ne sont pas toujours facilement adaptables à des activités nouvelles de ce type. Enron a sans doute été d'abord victime de ces risques. Ainsi, le retournement conjoncturel qui s'est produit à cette époque aux États-Unis a provoqué un ralentissement de la demande d'énergie par rapport aux prévisions antérieurement faites. Par ailleurs, comme cela se produit toujours, les marges de l'entreprise ont été laminées par l'entrée sur le marché de nouveaux concurrents et le rythme des innovations ne pouvait pas être suffisamment rapide pour compenser cette évolution. Mais Enron a été aussi victime de certains choix stratégiques discutables, par exemple en sortant de ses métiers de base afin de satisfaire sa frénésie de croissance. Comme beaucoup d'autres entreprises, Enron a eu également l'imprudence de recourir à un excès d'endettement. Elle nous apporte donc confirmation d'une leçon que l'on ne devrait jamais oublier : le financement par l'emprunt est dangereux, car le remboursement et le paiement des intérêts sont dus quels que soient les aléas économiques auxquels on doit faire face.

Au contraire, le financement par les fonds propres, c'est-à-dire par des apports des actionnaires, est un gage de stabilité : les mauvaises surprises se traduisent par des profits faibles ou même négatifs, mais la stabilité de l'entreprise est mieux assurée. Aussi longtemps que les fonds propres ne sont pas ramenés à zéro par des déficits accumulés, les propriétaires de l'entreprise peuvent mettre en place les mesures d'ajustement rendues nécessaires par la conjoncture. Or il ne faut pas oublier que le capitalisme est un régime de droits de propriété privés et les fonds propres en sont précisément l'expression. L'un des rôles essentiels des propriétaires d'une entreprise consiste à prendre les risques en charge : ils promettent des paiements contractuels aux salariés, aux fournisseurs, aux prêteurs et ils reçoivent une rémunération résiduelle et risquée – le profit –, c'est-à-dire ce qui reste disponible de la vente de leur production une fois tous leurs engagements tenus. C'est précisément à cause du caractère résiduel de leur rémunération que l'on a sélectionné au cours de l'Histoire ce type d'arrangement institutionnel où les propriétaires ont le pouvoir de décision ultime dans l'entreprise. Mais, lorsque le financement par l'emprunt prend une part trop importante par rapport au financement par les droits de propriété (actions par exemple), ces derniers risquent d'être insuffisants pour absorber les aléas de l'activité économique. C'est dire que les risques sont alors transférés sur les autres, par exemple les salariés, les fournisseurs ou les prêteurs dont les créances risquent de ne pas être honorées. Il n'est pas excessif de dire, par conséquent, qu'une firme capitaliste est une firme où les droits de propriété ont une place importante dans le financement de la croissance. Précisément, l'une des faiblesses d'Enron – qui fut l'une des causes de sa faillite – venait de ce qu'elle n'était pas suffisamment capitaliste. Il est alors discutable d'en faire un symbole des prétendus dysfonctionnements du capitalisme.

Pourtant, dira-t-on peut-être, il n'en reste pas moins que les capitalistes recourent bien souvent au crédit, par exemple pour les opérations de LBO (*leverage buy out*) qui leur permettent d'acheter à crédit des entreprises dans l'espoir de faire un profit important lors de la revente. Mais si l'on veut bien analyser un peu plus profondément cette question, on s'aperçoit que cela est sans doute en grande partie la conséquence de l'interventionnisme étatique. En effet, on peut montrer que la fiscalité actuelle de la plupart des pays est destructrice de l'épargne et donc hostile à la constitution de fonds propres. Pour satisfaire les besoins de financement la politique monétaire favorise bien souvent la distribution artificielle de crédits correspondant à une création de monnaie. Une partie du financement se fait donc à partir d'une épargne purement fictive. Quant à la création monétaire elle est à l'origine de processus inflationnistes, de cycles économiques et de « bulles financières ».

Quoi qu'il en soit, au lieu de reconnaître les difficultés réelles auxquelles était confrontée Enron, d'essayer de s'y adapter et de les expliquer à l'opinion, comme beaucoup d'entreprises le font dans le but d'inspirer la confiance à leurs actionnaires par une politique de transparence, les dirigeants de cette entreprise ont préféré dissimuler les difficultés par des pratiques comptables douteuses. Ce comportement aberrant – dont on ne connaîtra probablement jamais les raisons, car il prend ses racines dans la tête des dirigeants – ne peut cependant pas être considéré comme la règle habituelle de fonctionnement du capitalisme. Ainsi, Enron avait créé environ 3 500 filiales pour des raisons qui, initialement, ne tenaient sans doute pas à un souci de cacher les réalités, mais qui ont servi en tout cas, dans la phase finale, à masquer les difficultés financières. En s'abstenant de consolider les comptes et en transférant des dettes importantes dans ses filiales, Enron a réalisé des opérations d'habillage comptable. C'est aussi en utilisant ses filiales que la firme a fait gonfler de manière artificielle son chiffre d'affaires annoncé : alors qu'il était censé atteindre une centaine de milliards de dollars, il n'en représentait à peu près que six milliards ! De ce fait, Enron avait un chiffre d'affaires par employé considérablement supérieur à toute autre entreprise américaine et sa croissance était également fantastique. C'était évidemment dû au fait qu'Enron achetait et vendait des contrats futurs à ses filiales. Ces performances hors pair auraient pu évidemment susciter la curiosité ou même l'inquiétude des observateurs. Mais il est vrai que le Financial Accounting Standard Board s'était déclaré incapable de décider les pratiques comptables à utiliser dans de telles situations et il avait donc décidé que toute entreprise avait le libre choix de sa méthode comptable. Bien entendu, Enron avait choisi la méthode qui lui permettait de grossir son chiffre d'affaires.

Beaucoup d'analystes financiers, de banques, d'auditeurs – mais aussi les organes publics tels que le « régulateur » des marchés, la SEC (Security and Exchange Commission), qui est l'équivalent américain de l'AMF (Autorité des marchés financiers, précédemment appelée la COB, Commission des opérations de Bourse) – se sont laissés abuser par ces pratiques. Ainsi, en octobre 2001, Goldman Sachs recommandait les actions d'Enron comme étant « *the best of the best* ». Cela signifie, on est bien obligé de l'admettre, que le marché n'a pas fonctionné parfaitement en l'occurrence. Faut-il en conclure que le marché est myope et que le capitalisme est donc nécessairement instable, puisque son fonctionnement repose sur des informations imparfaites ? Il serait en fait ridicule de prétendre que le capitalisme est un système parfait et il est bien évident que son fonctionnement donne lieu à des échecs, que certains intervenants sur les marchés ont un comportement moutonnier ou qu'ils refusent de reconnaître certaines réalités. Cependant, il est essentiel de le souligner, *ce n'est pas le capitalisme qui est imparfait, c'est la réalité.* Nous vivons en effet dans un monde d'incertitudes et ce d'autant plus que nous sommes dans une société dynamique et innovatrice, ce que le capitalisme permet précisément d'obtenir. Se demander si un système capitaliste fonctionne de manière parfaite relève donc de l'imaginaire. La seule question qui ait du sens est la suivante : compte tenu du fait que le monde est nécessairement « imparfait », le capitalisme est-il le système qui, malgré tout, permet le mieux aux hommes d'atteindre leurs objectifs ? Pour notre part et comme nous le verrons, nous répondrons par l'affirmative sans aucune hésitation. Mais n'anticipons pas.

Pour en revenir au cas particulier d'Enron, si beaucoup de monde s'est laissé bercer d'illusions, cet optimisme excessif n'a pas été partagé par tous. Ainsi, beaucoup d'investisseurs réputés n'avaient pas inclus les actions d'Enron dans le portefeuille de leurs clients[1]. Certains avaient parfaitement vu qu'il y avait beaucoup d'opérations hors bilan cachées et qu'il y avait un manque de transparence. Ils l'avaient en tout cas découvert bien avant la SEC, l'organisme officiel. Car c'est aussi cela le capitalisme, non pas une vue unique, monolithique et une décision unique, mais une multitude de points de vue, d'anticipations, de réflexions, de réussites, mais aussi d'échecs. Et c'est précisément

---

1. Comme l'écrit Christopher Mayer (*Enron: The Fallout*, The Ludwig von Mises Institute, 4 avril 2002) : « Ainsi que l'éditorialiste en finance Lynn Carpenter l'a souligné dans le numéro de mars 2002 de *The Fleet Street Letter*, un grand nombre des plus importants investisseurs de notre époque ont évité le complexe désordonné Enron. Enron ne figurait pas dans le portefeuille de Warren Buffett à Berkshire Hathaway. La firme d'investissement réputée Tweedy Browne n'en possédait pas non plus de titres et le fameux investisseur Bill Nygren n'en avait pas placé dans son Oakmark Select Fund. Bill Ruane, un disciple de Ben Graham, n'a pas non plus investi dans Enron pour son Sequoia Fund, pas plus que le gérant de portefeuille superstar Bill Miller, qui a totalement évité Enron pour ses clients de Legg Mason. Était-ce de la pure chance ? Peut-être. Mais probablement pas. Comme Lynn Carpenter l'a noté : "Contrairement à ce que les médias ont souligné, il n'était pas difficile de découvrir que quelque chose ne marchait pas bien chez Enron." Les investisseurs qui ont bien fait leur travail ont peut-être également vu certains de ces signes – les références obscures à des alliances hors bilan et l'absence d'information – si même ils n'étaient pas déjà effrayés par les niveaux d'évaluation de l'entreprise. »

parce que certains, ayant eu le courage de penser différemment et usant de leur perspicacité et de leur savoir, se sont méfiés d'Enron que le cours des actions de cette firme a commencé à baisser à partir du mois d'août 2000, donc bien avant que l'affaire Enron éclate. Cela constituait le plus clair des signaux, et si certains n'en ont pas été alertés, ils ne peuvent s'en prendre qu'à eux-mêmes. C'est évidemment particulièrement vrai des plus gros actionnaires car ils ont, plus que les autres, le moyen de s'informer. Quant aux petits actionnaires, ils auraient dû savoir – mais cette mésaventure leur servira peut-être de leçon pour le futur – qu'en investissant dans Enron, ils pouvaient espérer de forts rendements, mais aussi qu'ils choisissaient le risque, parce que le métier d'Enron était en grande partie totalement nouveau et demandait une sophistication que tous les employés n'étaient peut-être pas totalement aptes à maîtriser[2]. On est certes libre de choisir un niveau de risque élevé en espérant un taux de rendement élevé. Mais en le décidant, on est responsable ; et si les prévisions s'avèrent avoir été excessivement optimistes, on doit en supporter les conséquences, parce qu'on a décidé librement et de manière responsable. Au demeurant, on

---

2. Ils auraient pu aussi s'inquiéter de constater que le *price/earning ratio* (le rapport du prix de l'action à son rendement) était égal à 81, c'est-à-dire un rapport presque inimaginable.

peut toujours diminuer l'incidence du risque en diversifiant son portefeuille.

Quoi qu'il en soit, l'intérêt bien compris des actionnaires et des dirigeants consiste évidemment non pas à faire des profits dans le court terme avant de faire faillite, mais au contraire à durer. C'est pourquoi on peut se demander pourquoi une faillite aussi retentissante que celle d'Enron a bien pu se produire. Nous avons vu qu'il existait un certain nombre de raisons pour lesquelles les dirigeants et les gros actionnaires d'Enron n'avaient pas nécessairement toute la maîtrise voulue. En outre et malheureusement, ils ont adopté le comportement de certains spéculateurs consistant à pratiquer la fuite en avant, à prendre des positions de plus en plus risquées et à cacher la vérité. Pour leur part, les dirigeants d'une firme comme Amazon n'ont jamais caché leurs difficultés et ils ont gardé la confiance des investisseurs, bien qu'ils n'aient pu annoncer pour la première fois des profits qu'au quatrième trimestre 2001. Peut-être l'affaire Enron aura-t-elle pour conséquence heureuse d'avoir prouvé une fois de plus que seule l'honnêteté est gagnante sur le long terme. Elle constitue l'un des fondements du capitalisme, ce qu'ont oublié les dirigeants d'Enron. En effet, dans un univers capitaliste, toute entreprise est soumise à la concurrence. Si une entreprise n'inspire plus confiance, les investisseurs se détournent d'elle et placent leurs fonds dans d'autres entreprises. Ce système de régulation est évidemment à l'opposé de celui qui prévaut dans l'économie publique où toutes sortes de critères contestables peuvent être à l'origine des décisions de financement et de gestion, par exemple le copinage ou la poursuite d'objectifs électoraux ; et où les erreurs sont masquées et se traduisent souvent par des financements supplémentaires aux dépens des contribuables. La situation d'Enron, pour sa part, n'aurait peut-être pas été désespérée si les comptes n'avaient pas été falsifiés ou masqués. À partir du moment où c'est apparu – et cela apparaît nécessairement –, le marché n'avait plus confiance et il n'y avait plus d'investisseurs, plus de prêteurs, plus d'échangistes. Le comportement moral ne se décrète pas de l'extérieur, mais il se révèle sur le marché dont la sensibilité à un code moral (dire la vérité, respecter les droits des autres) est extraordinaire.

LE MYTHE DE LA RÉGULATION ÉTATIQUE

Tous ceux qui portent un jugement sur le fonctionnement d'un quelconque processus social devraient appliquer la règle d'or selon laquelle on ne peut pas tirer un enseignement général d'un événement particulier ou d'un petit nombre d'événements particuliers. Il convient tout simplement d'éviter l'erreur de cet Anglais qui, débarquant à Boulogne et rencontrant une Française rousse, notait sur son carnet : « Toutes les Françaises sont rousses.» C'est pourtant exactement cette erreur logique qui est allégrement faite par tous ceux qui proclament la faillite ou, tout au moins, l'instabilité du capitalisme en observant les difficultés de quelques grandes entreprises, comme si ces quelques entreprises représentaient le capitalisme mondial ! C'est aussi la même erreur qui est faite par ceux qui dénoncent les privatisations parce qu'il y a eu un accident de chemin de fer en Angleterre, ou qui s'opposent à la déréglementation parce qu'un avion d'une ligne à bas prix s'est écrasé aux États-Unis... Ces généralisations abusives sont particulièrement risibles dans un pays comme la France où l'on a connu, dans la sphère publique, aussi bien le scandale du Crédit Lyonnais que celui du sang contaminé. Mais, malheureusement, elles ne sont pas que risibles, elles sont terriblement dangereuses. En effet, c'est le plus souvent à cause d'événements particuliers et sous prétexte d'éviter leur répétition que la puissance publique étend son arsenal administratif et répressif, réduisant d'autant les espaces de liberté dont les individus devraient légitimement bénéficier. Il suffit que les médias, grands spécialistes du « larmoyisme social », propulsent un événement particulier à l'attention des masses pour que se mette en marche toute la grande machinerie de la démocratie émotionnelle et compassionnelle. Les hommes politiques, toujours avides de notoriété et de ralliements électoraux, invoquent alors le principe de précaution – cette boîte de Pandore absolument sans fond – pour prétendre nous protéger contre tous les risques actuels ou imaginaires. Ainsi, cette « nouvelle frontière » de la politique conduit insensiblement, mais inexorablement, vers une sorte de totalitarisme soft, où tous les aspects de la vie des individus sont pris en main par les politiciens et les bureaucrates[3].

En réalité, l'observation lucide des faits devrait conduire à une vision exactement opposée à celle qui est dominante. N'est-il pas, en effet, extraordinaire que les faillites, les falsifications comptables ou les erreurs stratégiques soient si rares, alors qu'il existe dans le monde des millions d'entreprises, des milliers de grandes entreprises ? N'est-il pas remarquable qu'il soit possible de faire fonctionner et de faire évoluer de grands ensembles qui regroupent des dizaines de milliers de salariés et qui mettent en œuvre des processus de production constamment renouvelés dans un grand nombre de pays ? C'est bien cela le miracle du capitalisme et les quelques ratés qui surviennent nécessairement ne devraient pas remettre en cause son caractère

---

3. Voir, sur ce sujet, Mathieu Laine, *La Grande Nurserie*, Paris, Lattès, 2006.

novateur et productif. C'est à tort, en effet, nous le savons, que l'on compare le capitalisme existant à une situation purement idéale où il n'y aurait jamais d'erreur de gestion, jamais de dissimulation comptable, jamais de faillite, jamais de licenciements, jamais de baisse de valeur des actifs. Car l'erreur est humaine, elle est nécessairement présente dans toute organisation sociale et elle est bien souvent un élément essentiel de tout processus d'apprentissage. Ne poursuivons donc pas la chimère d'un monde idéal sans problème, mais demandonsnous plutôt quel est le système qui donne le plus de chances à tous de poursuivre efficacement leurs propres objectifs. La réponse est simple : c'est le capitalisme, car il repose – plus que tout autre – sur la discipline de la responsabilité individuelle, parce que l'erreur y est sanctionnée et parce qu'il incite à la création de connaissances (éventuellement à partir des leçons tirées des erreurs).

Mais, dira-t-on sans doute, il n'en reste pas moins que des affaires comme l'affaire Enron peuvent toujours exister et il conviendrait donc de renforcer les contrôles étatiques pour éviter ces déviations, même si elles sont rares. Or ces contrôles existent, en particulier du fait de l'existence de la SEC aux États-Unis ou de l'AMF en France. Mais des organismes de ce type apportent une fausse sécurité. En effet, les actionnaires croient qu'ils les protègent en contrôlant efficacement les entreprises et les procédures comptables. Ils ne sont alors pas incités à rechercher par eux-mêmes d'autres mécanismes de contrôle ni à améliorer leur information. Il est ainsi frappant de constater que la SEC n'avait pas contrôlé les comptes d'Enron depuis 1996 et qu'elle n'a commencé ses investigations qu'en octobre 2001. Certes, on pourrait imaginer d'accroître considérablement les missions et les moyens d'un organisme comme la SEC. Mais l'accroissement correspondant des coûts serait-il justifié, alors qu'il existe d'autres processus de régulation et que les cas véritablement préoccupants restent marginaux ?

En réalité, le marché avait réagi bien avant les autorités administratives. On peut en voir un signe évident dans le fait que l'action d'Enron qui était cotée à 83 dollars à la fin de 2000 était tombée à 33 dollars avant même les premières révélations sur la gravité de la situation le 16 octobre 2001. Comme nous l'avons déjà souligné, de nombreux investisseurs réputés avaient exclu les actions Enron du portefeuille de leurs clients et certains avaient parfaitement vu – bien avant la SEC – qu'il y avait beaucoup d'opérations hors bilan cachées et qu'il y avait un grand manque de transparence.

Certes, les erreurs ou les falsifications des dirigeants n'ont pas nui qu'à eux, elles ont nui aux actionnaires et aux salariés. En ce qui concerne les actionnaires, nous avons déjà souligné que les plus importants d'entre eux ont le moyen de s'informer et ils ne peuvent s'en prendre qu'à eux-mêmes s'ils perdent une partie de leurs avoirs : en tant que propriétaires, ils sont responsables de ce qui arrive et ils doivent en supporter les conséquences. Les petits actionnaires, quant à eux, savent bien qu'une action comporte toujours une part de risque. Nombre d'entre eux, malgré tout, n'ont pas eu conscience du caractère particulièrement risqué des activités d'Enron. Certains indices auraient pourtant pu les alerter, par exemple les faits que nous avons déjà soulignés concernant le chiffre d'affaires par employé, le fantastique taux de croissance de l'entreprise ou le prix de l'action par rapport à son rendement. Or, quand quelque chose paraît incroyable, c'est probablement effectivement peu croyable et cela doit susciter la méfiance. Cela signifie aussi que l'acquisition des informations, leur analyse et leur prise en compte dans les décisions sont coûteuses et donc nécessairement imparfaites, comme l'est toute réalité humaine. C'est d'ailleurs pourquoi il est illusoire de penser qu'on éviterait les difficultés en obligeant les entreprises à fonctionner de manière « transparente », c'est-à-dire à fournir publiquement une quantité considérable d'informations. On risque seulement d'accroître le coût de la fourniture d'informations pour les entreprises sans améliorer la qualité de la décision des petits actionnaires qui n'ont pas les moyens de traiter des informations sophistiquées et très abondantes.

Les salariés, pour leur part, sont d'évidentes victimes de ces événements. Mais la sécurité absolue ne peut pas être donnée à tout le monde, sauf dans un univers idéal qui, ne pouvant pas exister, ne mérite pas qu'on s'y attarde. On peut seulement penser que leur chance de retrouver un emploi satisfaisant est d'autant plus grande que l'économie est plus dynamique, le Droit du travail plus flexible et le taux de chômage plus faible, ce qui reste vrai des États-Unis par rapport à d'autres pays. Cependant, le pire, pour certains de ces salariés, a été la perte de la valeur de leurs avoirs investis en actions Enron. Cela prouve une fois de plus qu'il n'est jamais bon de mettre « tous ses œufs dans le même panier ». Il serait utile de s'en souvenir dans un pays comme la France où l'on cherche à privilégier l'« épargne d'entreprise » par rapport à de véritables fonds de pension où les risques sont diversifiés. C'est aux salariés de négocier éventuellement le versement d'une partie de leur rémunération sous forme de participation au capital, sans que l'État cherche à influencer ce choix.

L'ENTREPRISE CAPITALISTE

Compte tenu, précisément, de son caractère exceptionnel, la chute spectaculaire d'Enron ne peut en rien être considérée comme un symbole des dysfonctionnements du capitalisme. Mais il est une autre raison de refuser cette grossière équation « Enron = capitalisme ». Le capitalisme n'est en effet rien d'autre qu'un régime de propriété privée des moyens de production et la grande firme n'en est absolument pas l'expression unique ou même la plus représentative. L'équation « capitalisme = grande firme » doit donc, elle aussi, être totalement et définitivement écartée. Ce qui est caractéristique du capitalisme, c'est l'existence d'un nombre considérable d'entreprises, grandes, petites ou moyennes, qui naissent, vivent, se développent, fusionnent, se séparent et, parfois, meurent, de nouvelles venant alors prendre le relais. Toute la vitalité du capitalisme, on la voit non pas dans ces mastodontes que sont les entreprises du CAC 40 ou du Dow Jones, mais bien plutôt dans ces entrepreneurs innombrables qui prennent des risques, qui investissent, qui innovent, qui cherchent des marchés. Dans un système dynamique de ce type, la mort d'une entreprise n'est absolument pas le signe d'une faillite du système, bien au contraire. Seuls les États et les bureaucraties survivent indéfiniment, aussi spoliateurs et destructeurs soient-ils. De manière générale, dans l'économie administrée, il y a peu ou pas de sanctions et il n'y a pas de procédure de régulation. Ainsi, dans l'affaire des pertes considérables du Crédit Lyonnais, il y a eu aussi beaucoup de gens lésés : les contribuables. Mais, bien qu'atteignant plus de 15 milliards d'euros, le coût était moins visible parce qu'il était davantage dilué. Il a été en tout cas supporté par des personnes qui n'étaient en rien concernées par les erreurs des dirigeants du Crédit Lyonnais. C'est précisément peut-être parce qu'ils ont conscience de leur inefficacité que les organismes étatiques se protègent souvent en empêchant la concurrence, c'est-à-dire l'arrivée de producteurs susceptibles de produire des biens et services plus utiles aux clients et produits de manière plus efficace.

Dans un système capitaliste, la faillite, loin d'être un élément destructeur, est au contraire un élément régulateur, on pourrait presque dire un facteur de renaissance économique. Si la faillite d'une entreprise se produit, en effet, c'est parce qu'il s'est révélé que cette entreprise détruisait des richesses au lieu d'en créer, c'est-à-dire que la valeur de ce qu'elle absorbe pour produire est supérieure à la valeur de ce qu'elle produit[4]. Dans une telle situation on peut réagir de deux manières.

On accepte le verdict du marché et on met fin au processus de destruction de richesses grâce à la

---

4. Sur des marchés libres, la valeur de marché des biens et services utilisés dans la production, comme celle des biens et services produits, est elle-même déterminée par les préférences relatives des individus concernés. Les prix ne sont que le reflet de l'évaluation subjective faite par tous les individus de l'utilité de ces différents biens et services.

faillite. La faillite ne représente pas par elle-même une destruction, elle signifie qu'*il y a eu* destruction antérieurement et que l'on ne veut pas continuer ce processus. Par ailleurs, les facteurs de production qui étaient utilisés dans cette entreprise ne sont pas eux-mêmes détruits, mais la faillite permettra au contraire de les réutiliser de manière telle qu'ils puissent à nouveau créer des richesses au lieu d'en détruire. Certes, tout n'est pas récupérable, par exemple des investissements très spécifiques, des modes de fonctionnement spécifiques, un savoir spécifique. Mais, il faut admettre que ces éléments spécifiques n'ont plus de valeur, puisqu'ils ne peuvent plus être utilisés dans des processus de production rentables. Mieux vaut alors en accepter la disparition. Les locaux trouvent ainsi de nouveaux occupants, les salariés se déplacent vers des activités où ils seront plus productifs – et peut-être même mieux payés s'ils se trouvent dans une économie dynamique –, certains savoirs et certaines méthodes seront utilisés ailleurs.

Si, au contraire, on refuse de mettre fin au processus de destruction des richesses, il faut à la fois le cacher et trouver des ressources pour rendre possible son prolongement. C'est évidemment ce que fait l'État. Ainsi, en empêchant la concurrence pour les « biens publics » qu'il produit, il rend impossible une évaluation de ces biens par des prix de marché et il ne permet pas de savoir si la valeur de ce qui est utilisé dans la production est supérieure ou inférieure à la valeur de ce qui est produit. En subventionnant des entreprises publiques ou privées, l'État fait croire que l'activité des bénéficiaires est productive, alors qu'elle ne l'est pas. Mais, pour ce faire, il lui faut bien trouver des ressources par l'impôt. Et cela diminue d'autant la rentabilité de ceux sur qui pèse l'impôt, ce qui peut les conduire à cesser leurs activités.

Il est donc tout à fait étonnant que l'on parle continuellement d'une crise du capitalisme – à partir de quelques exemples comme celui d'Enron –, alors qu'on ne parle pas de « crise de l'étatisme », bien que celle-ci soit permanente, profonde, généralisée et de grande ampleur. Pourtant, le capitalisme est un système de transparence, donc fondamentalement honnête, alors que l'étatisme est foncièrement malhonnête : il repose sur des fictions, des jeux d'illusions, des aides arbitrairement allouées, des manipulations qui visent à dissimuler la véritable nature des problèmes. C'est parce qu'elle est difficile à voir que l'opinion ne se soucie pas de la crise de l'étatisme. Mais, usant du paradoxe de composition, elle croit voir partout une crise du capitalisme.

On fait donc une erreur majeure en voyant dans la faillite d'Enron (ou de Worldcom ou de toute autre grande entreprise) un symbole caractéristique de la faillite du capitalisme. Et l'on fait une autre grave erreur en faisant l'assimilation entre grandes entreprises et capitalisme. Le capitalisme est un système de droits de propriété privée et d'échange libre. Il ne concerne donc pas que les grandes entreprises, bien au contraire.

L'idée selon laquelle plus une firme est grande plus elle est efficace est certainement l'un des mythes de notre époque. Elle se nourrit elle-même d'une autre idée, l'idée toute faite selon laquelle il existerait nécessairement, dans toute activité, des « économies d'échelle », le recours à cette expression sophistiquée permettant d'éviter toute réflexion ou toute observation de la réalité. Ce sont ces préjugés qui semblent légitimer la politique industrielle, par exemple les efforts faits par un certain nombre d'États pour faire émerger des « champions nationaux ». Car les gouvernements ne sauraient se pencher sur tout ce qui est petit, sur l'individu par exemple, qu'il ignore superbement, sur le petit artisan ou le petit entrepreneur. Il faut à l'État de vastes horizons et, surtout, de grandes sommes d'argent à manipuler et à contrôler. Et, parce que l'État est si omniprésent à notre époque, il fait chausser ses propres lunettes à tous les citoyens : le capitalisme ne peut être que le capitalisme des grandes entreprises.

Mais toutes ces idées sont erronées. Il existe certes des cas où la production à grande échelle permet de diminuer les coûts unitaires de fabrication.

Mais encore faut-il se souvenir que les avantages d'échelle d'un moment et d'une technique ne sont pas nécessairement éternels. Ainsi, lorsque la déréglementation a pris place aux États-Unis dans le domaine de l'énergie, on s'est rendu compte qu'il était possible de produire de l'électricité de manière aussi rentable à partir de petites unités fondées sur la cogénération que dans les grandes centrales nucléaires. Car la technique n'est pas une donnée qui s'impose aux hommes. Elle est le fruit de leurs efforts d'imagination, de telle sorte qu'un changement institutionnel entraîne un changement technique.

En réalité, l'idée selon laquelle la grande dimension offrirait nécessairement un avantage économique est surtout erronée parce qu'elle repose sur une vision purement technique de la vie économique : il *existerait* nécessairement des techniques donnant l'avantage à la production à grande échelle. Mais cette approche envisage la firme comme une grande machine : plus elle est grande, mieux elle travaille. Or une firme n'est pas une machine, c'est un lieu abstrait où des individus coordonnent leurs activités et leurs décisions. C'est évidemment cette vision de l'entreprise qui était totalement ignorée dans les régimes communistes, où – du fait d'une approche purement matérielle et technique de la production – on donnait systématiquement la préférence aux grandes usines, ces espèces de monstres qui sont apparus comme totalement obsolètes après la chute de ces régimes. Et ce culte des grandes unités a évidemment été l'un des facteurs des désastres économiques enregistrés dans les pays soumis à de tels régimes.

En fait, s'il peut exister des économies d'échelle sur le plan technique, il existe aussi des « déséconomies d'échelle » sur le plan institutionnel : dans la mesure où la réussite d'une entreprise repose essentiellement sur la capacité de ceux qui y travaillent à coordonner leurs décisions et leurs activités – la technique utilisée n'étant qu'un sous-produit des processus de coordination –, il existe évidemment un risque que la coordination soit plus difficile dans une grande entreprise que dans une petite. Il est même, de ce point de vue, miraculeux que les grandes entreprises existent. Elles sont la preuve des extraordinaires capacités d'imagination des êtres humains, tout au moins lorsqu'on les laisse agir. Mais il n'est pas étonnant, par ailleurs, qu'il arrive que certaines des procédures de coordination extrêmement complexes d'une grande entreprise échouent et que la faillite s'ensuive. Parce qu'un système capitaliste est capable de mettre en œuvre et d'imaginer constamment de nouveaux processus de coordination à grande échelle, il fait naître des risques correspondants. Mais c'est à tort que l'on considère uniquement les échecs sans voir les extraordinaires réussites. De ce point de vue, il ne faut pas confondre le fonctionnement d'une grande entreprise capitaliste avec celui d'une grande entreprise dans un système centralisé et public de type communiste où les droits de propriété sont absents : cette dernière – qui ne mérite d'ailleurs pas le nom d'entreprise, mais qui devrait plutôt être appelée « unité technique de production » – n'est pas caractérisée par la sophistication de ses processus de coordination, mais par ses aspects purement quantitatifs et matériels.

Parmi les risques inhérents à la grande entreprise, il y a en particulier ceux qui naissent de la fameuse distinction qui doit être faite entre les propriétaires de l'entreprise et ceux qui la dirigent. Un propriétaire est normalement intéressé à maximiser la valeur totale des rendements qu'il tire de son capital à travers le temps et il est donc incité à rechercher la pérennité de ce capital. Un dirigeant salarié n'a pas les mêmes motivations. Il recherchera, par exemple, la maximisation de ses revenus à court terme, sachant que la faillite de son entreprise ne l'empêchera pas de retrouver un salaire confortable ailleurs ; il peut être mû par la recherche du prestige ou d'une vie confortable ou encore par une passion de création technique sans recherche de la rentabilité. Les actionnaires doivent donc pouvoir contrôler et déterminer ces motivations, jouer un rôle de monitoring. Or c'est d'autant plus difficile qu'ils sont nombreux et dispersés. C'est précisément à cause de cette fragilité qu'une sorte d'autorégulation s'est réalisée au cours de l'Histoire : dans beaucoup de pays, le capital d'une grande entreprise est réparti entre un noyau important de gros actionnaires qui exercent le pouvoir de décision effectif et un grand nombre de petits actionnaires. Mais on trouve aussi des organisations dont les dirigeants sont beaucoup moins dépendants des actionnaires. Un exemple extrême est peut-être donné par certains fonds de pension qui sont davantage des structures mutualistes que capitalistes, c'est-à-dire qu'à la limite les droits de propriété sont inexistants. C'est cette caractéristique qui permet d'expliquer la prédominance des stratégies de court terme dans les décisions d'investissement des fonds de pension. Mais c'est à tort que l'on attribue ce « court-termisme » au capitalisme : précisément, ces fonds de pension ne sont pas fondamentalement des structures capitalistes. Ils existent parce que des législations les favorisent ou les rendent même obligatoires.

Il n'est alors pas surprenant que la plupart des difficultés spectaculaires rencontrées par de grandes entreprises aient été le résultat de comportements imprudents ou répréhensibles de la part de leurs dirigeants et non de leurs propriétaires. Il suffit pour cela de songer à l'affaire Enron ou à l'affaire Worldcom ou, en France, aux tribulations de Vivendi dont le président a eu la folie des grandeurs, alors qu'il ne détenait qu'une toute petite partie du capital. Il n'est pas étonnant non plus que les firmes patrimoniales, celles dont la majorité du capital est détenue par un individu ou par une famille, aient une bien meilleure rentabilité que les autres. C'est la preuve concrète que la responsabilité est liée à la propriété. C'est pourquoi, lorsqu'on parle du capitalisme – régime de propriété privée des moyens de production –, il serait avisé de garder à l'esprit l'image de l'entreprise patrimoniale plutôt que celle de la grande entreprise anonyme à direction bureaucratique et à actionnariat dispersé. Or ce capitalisme-là n'est pas en crise. Ou, plutôt, s'il rencontre malgré tout bien des difficultés, en particulier dans un pays comme la France, ce n'est pas parce qu'il serait instable ou fragile par nature, mais plutôt parce qu'il est fragilisé par l'interventionnisme étatique qui étouffe l'esprit d'entreprise. L'entrepreneur sait en effet que, s'il échoue, il sera considéré comme responsable – ce qui est normal – et il perdra ce qu'il possède[5]. Mais, s'il réussit, l'État et les organismes dits sociaux lui prendront la presque totalité de ce qu'il aura réussi à créer par ses propres efforts. Il sait par ailleurs qu'il ne peut pas librement déterminer avec ses salariés les

---

5. Du fait de sa plus grande visibilité et de ses connivences avec le personnel étatique, la grande entreprise a plus de chances d'être sauvée par l'État en cas de difficultés. Le prétexte commode – et en réalité injustifié – est évidemment celui du risque de chômage.

conditions de leur coopération et il est quotidiennement enserré dans de multiples filets réglementaires. S'il y a crise, ce n'est certainement pas celle du capitalisme, mais bien celle de l'État. Malheureusement, l'abrutissement idéologique continuel auquel sont soumis les Français, à l'école, à l'université, dans leurs journaux et sur leurs chaînes de télévision, sans oublier, bien sûr, la langue de bois de leurs politiciens, finit par les convaincre que la victime est la source de tous leurs maux.

Parmi les faiblesses de la grande entreprise, contrairement à ce que l'on imagine, il faut souligner son caractère souvent peu innovateur. Peut-être parce qu'elles sont de grandes bureaucraties, les grandes entreprises ne font souvent que des améliorations marginales de leurs procédés de fabrication, mais elles résistent aux innovations qui introduiraient de véritables ruptures. En dépit de budgets de recherche et développement qui peuvent être très importants, elles sont moins à l'origine de véritables innovations que les entreprises petites ou moyennes. Ainsi, « Xerox, AT&T, IBM ont dépensé des milliards de dollars pour la recherche, mais elles ont toutes échoué dans l'exploitation de la plus grande partie de ce qui sortait de leurs laboratoires[6] ». À titre

---

6. *The Economist*, 24 avril 2004. Cet article montre de manière frappante comment la plupart des grandes inventions du XXᵉ siècle ont été le fait de petites ou moyennes entreprises.

d'exemple, IBM a manqué le tournant du micro-ordinateur et les grandes compagnies aériennes ont été incapables de s'adapter à des marchés en évolution : elles subissent durement la concurrence des compagnies *low cost* qui ont su imaginer de nouvelles procédures de production et d'approche des marchés et dont les innovations ont été plus institutionnelles que techniques (elles n'ont pas inventé de nouveaux avions, mais de nouveaux types de services aériens !). Bien souvent, les grandes entreprises qui restent compétitives y arrivent en achetant des brevets à de petites firmes extrême-ment innovantes et flexibles, ou en rachetant ces dernières ou encore en les faisant collaborer à titre de sous-traitants.

Si les grandes entreprises ne constituent pas un modèle d'innovation, elles ne sont pas non plus un modèle pour l'emploi. En fait, on peut, en sché-matisant beaucoup, décrire différentes phases dans la vie d'une entreprise. Elle commence à petite échelle à partir d'une innovation et elle a évidem-ment besoin d'embaucher pour se développer. Par la suite, elle grandit, conquiert des marchés, modifie ses processus de production, continue à embaucher, mais à un rythme moins rapide. Puis vient la phase de maturité où la concurrence des imitateurs se fait durement sentir. Certes, grâce à un rythme d'innova-tion soutenu, elle pourrait continuer sa croissance. Mais, nous l'avons vu, la grande entreprise a fréquemment un handicap dans ce domaine. Bien souvent, elle ne pourra survivre qu'en faisant des investissements de rationalisation et en trouvant des moyens d'économiser de la main-d'œuvre. Comme on le voit tous les jours, les grandes entreprises pratiquent des licenciements, parfois à grande échelle. Les hommes politiques et les opinions publiques s'en offusquent souvent, ce qui contribue à l'image d'un capitalisme sans cœur et destructeur. Mais ce processus est normal et l'on pourrait même dire souhaitable, parce qu'il permet d'offrir des produits meilleur marché – et donc d'améliorer le niveau de vie des populations – et parce que c'est souvent la condition même de la survie de ces entreprises (et de leurs emplois). Mais, ce qui est important, c'est que des emplois puissent se créer dans des entreprises plus innovantes, généralement de plus petite taille. C'est ce qui se passe aux États-Unis, où il y a beaucoup plus de créations de nouvelles entreprises qu'en Europe parce que les contraintes réglementaires et fiscales y sont plus légères. C'est la raison pour laquelle il y a beaucoup plus de créations d'emplois et beaucoup moins de chômage aux États-Unis qu'en Europe, particulièrement en France. Il est d'ailleurs caractéristique de ce point de vue que, contrairement à l'image d'Épinal habituelle, tout le dynamisme américain lui vienne non pas de ses grandes entreprises, mais du fait que, chaque année, des dizaines de milliers de petites entreprises nouvelles apparaissent. Ce sont elles qui créent des emplois, qui introduisent des innovations et qui constituent le moteur de la croissance.

C'est donc à tort que les hommes politiques français, terrorisés par les pressions syndicales ou électorales, essaient de s'opposer aux licenciements pratiqués par les grandes entreprises. C'est à tort, bien sûr, que l'on rend « le capitalisme » responsable du chômage. Le problème français ne vient pas de ce que certaines grandes entreprises capitalistes licencient. Il vient de ce qu'il n'y a pas suffisamment de créations d'entreprises capitalistes et d'emplois nouveaux dans les entreprises capitalistes existantes du fait des politiques économiques antiproductives pratiquées en France par les gouvernements de droite et de gauche. Répétons-le : *il n'y a pas une crise du capitalisme, mais une crise de l'étatisme !*

MARCHÉ OU RÉGLEMENTATION ?

À la suite des faillites retentissantes et très médiatisées qui ont frappé l'opinion au début du XXIᵉ siècle, tous ceux qui se nourrissent de la haine du capitalisme ont proclamé la mort nécessaire de celui-ci. Mais, de manière plus modérée, on a aussi entendu un peu partout des voix s'élever pour réclamer une meilleure régulation des marchés, le capitalisme étant censé être incapable de s'autoréguler lui-même. Bien entendu, par régulation, on entend en général et à tort « réglementation ». Ce faisant on est une victime – consentante – d'une confusion linguistique : en anglais, en effet, le terme *regulation* veut dire « réglementation » et la contagion des langues conduit naturellement à assimiler régulation à « réglementation » et à laisser entendre que la déréglementation entraîne une dérégulation, c'est-à-dire le désordre. C'est oublier que la régulation d'un système humain se réalise au mieux par des processus de coordination spontanés entre des individus libres, et donc motivés pour agir de la manière la mieux adaptée à la poursuite de leurs objectifs, en tenant compte de leur interdépendance avec autrui, telle qu'elle se manifeste par le système de prix, par les moyens d'information, par les règles juridiques ou par la tradition. Le recours à un système décentralisé permet de mobiliser au mieux toutes les informations détenues – et surtout créées – par les individus membres d'une société[7]. Certes, en laissant la liberté à chacun d'agir en fonction de ses propres objectifs et de ses

---

7. Bien entendu, pour une explicitation de ces idées, il convient de se reporter au travail magistral effectué par les économistes de l'« école autrichienne », en particulier Friedrich Hayek (« The use of knowledge in society », *The American Economic Review*, XXXV, n° 4, septembre 1945 ; *Droit, législation et liberté*, vol. I, Paris, PUF, 1980) ou Ludwig von Mises (*L'Action humaine*, Paris, PUF, 1985).

informations – mais surtout en respectant les droits légitimes d'autrui –, on n'aboutit pas à une société parfaite, car la perfection n'existe pas et elle est d'ailleurs indéfinissable. Mais on arrive en tout cas à une société plus juste et plus conforme aux aspirations des uns et des autres.

Malheureusement, la compréhension du fonctionnement d'un système fondé sur la liberté et la propriété individuelles, donc sur la responsabilité de chacun, est tellement rare que, chaque fois qu'un phénomène non désirable se produit, on a tendance à demander qu'une réglementation étatique fasse cesser le désordre supposé. C'est ainsi qu'un enfant mort de noyade dans une piscine – ce qui est évidemment très triste – conduit le gouvernement à imposer à 800 000 propriétaires de piscines des dispositifs de sécurité aussi coûteux qu'inutiles. Il semble, en effet, que la fréquence des morts par noyade est aussi grande pour les piscines équipées que pour les piscines non équipées, ce qui se comprend, car le faux sentiment de sécurité ainsi créé conduit à diminuer la vigilance des parents pour leurs enfants. C'est ainsi également que l'incendie mortel d'une habitation conduit à imposer l'installation de dispositifs de détection de fumée dans tous les domiciles. Dans le domaine financier, les événements évoqués précédemment ont fait naître des législations pour imposer aux entreprises de nouvelles normes censées protéger les actionnaires contre les « abus » des dirigeants (loi de sécurité financière votée en 2001 en France, loi Sarbanes-Oxley votée en 2002 aux États-Unis). Mais il en va pour les marchés financiers comme pour les piscines : l'existence d'obligations légales suscite un faux sentiment de sécurité. On croit être protégé, alors qu'on ne l'est pas, et on ne se donne donc pas le mal de garantir sa sécurité par d'autres moyens qui pourraient être plus efficaces. Comme l'exemple de la SEC au sujet d'Enron l'a déjà montré, il est illusoire de penser qu'un organisme chargé de surveiller un très grand nombre d'entreprises pourrait consacrer à chacune d'elles, même une toute petite fraction du temps considérable que passent les équipes d'audit pour vérifier les comptes.

Un consensus semble par ailleurs s'être facilement réalisé autour de l'idée qu'il était important d'imposer une plus grande transparence aux entreprises, c'est-à-dire qu'il fallait augmenter la quantité d'informations qu'elles doivent fournir au public. Les législations récentes, en France comme aux États-Unis, ont d'ailleurs mis en œuvre cette idée. On a ainsi cédé une fois de plus au mythe selon lequel le fonctionnement spontané des entreprises serait « imparfait » et qu'il faudrait donc le discipliner par une régulation d'origine étatique censée le rendre « parfait » ou tout au moins, moins imparfait. Or une information « parfaite » ne peut pas exister car elle impliquerait de connaître dans le détail tout le fonctionnement d'une entreprise, les actions et décisions prises continuellement par tous ceux qui y travaillent. Ce que nous recherchons tous, dans toutes les activités de notre vie, ce n'est certainement pas une information « parfaite », mais une information optimale, c'est-à-dire celle qui correspond le mieux, de par sa nature et son montant, à nos propres besoins. Par rapport à cet optimum qui est personnel, purement subjectif et variable dans le temps, une insuffisance d'information représente un risque et un excès d'information un gaspillage de temps et de ressources (puisque l'information n'est jamais obtenue gratuitement, elle est toujours consommatrice non seulement de ressources, mais surtout de ce qui est le plus précieux, le temps).

Il est donc illusoire de penser que des personnes extérieures à une entreprise, qui ne subissent pas de sanction en cas d'échec et qui ne sont absolument pas concernées par son fonctionnement, puissent décider de ce qu'est le montant « optimal » d'information qu'une entreprise doit donner à ses actionnaires, à ses salariés ou au public intéressé. C'est pourtant ce que font allègrement les législateurs, sûrs de posséder la connaissance infuse, alors même que beaucoup d'entre eux – en particulier les technocrates d'origine qui hantent les travées du Parlement français – n'ont jamais mis les pieds ou plutôt le cerveau, dans une entreprise.

Or, pour ne parler que d'eux, il y a, par exemple, une différence essentielle entre les gros actionnaires et les petits actionnaires d'une entreprise du point de vue de leur besoin d'information. Les premiers, qui ont probablement un portefeuille moins diversifié et donc plus risqué que les seconds, auront certainement un besoin d'information beaucoup plus important et ceci d'autant plus qu'ils ont le moyen de peser sur les décisions et donc de déterminer les profits futurs. Quant aux petits actionnaires, ils ont les moyens de diversifier leur portefeuille et donc de répartir les risques. Par ailleurs, ils savent qu'ils n'ont aucun moyen de peser sur les décisions prises. Ils n'ont donc aucune raison de désirer une information aussi complète que les gros actionnaires. Par conséquent, une législation imposant la fourniture des mêmes informations pour tout le monde ne peut absolument pas répondre aux besoins diversifiés des uns et des autres. C'est en revanche ce que peut faire le « marché », c'est-à-dire en fait les hommes qui décident concrètement à partir de ce qu'ils connaissent ou essaient de connaître. Ainsi, s'il est vrai que les actionnaires ont un certain besoin d'information, des dirigeants de l'entreprise ou les plus gros actionnaires essaieront de mieux connaître ce besoin et de mieux le satisfaire. De ce point de vue, l'affaire Enron a joué un rôle utile. Elle a en effet suscité une certaine défiance des actionnaires à l'égard des grandes entreprises et elle a donc incité ces dernières à essayer de regagner la confiance des actionnaires en leur fournissant les informations qu'ils désirent. Dans une économie libre, s'il existe des besoins, il y aura une tendance à chercher à les satisfaire, de la part de ceux qui sont susceptibles de le faire. Il en va évidemment différemment lorsque les décisions sont prises par les hommes de l'État, car ceux-ci ne connaissent pas les véritables besoins d'autrui et ils ne sont pas incités à les connaître.

C'est pourquoi il n'est absolument pas nécessaire, à la suite d'événements particuliers, d'introduire de nouvelles réglementations, de nouveaux contrôles, de nouveaux organismes de surveillance. En effet, secoués par les exemples récents, les dirigeants de beaucoup d'entreprises se préoccupent d'améliorer les procédures comptables et de trouver le degré de transparence dans l'information qui soit à la fois satisfaisant pour les actionnaires et financièrement supportable pour les entreprises. Ainsi, pour fidéliser ses actionnaires et en attirer de nouveaux, il est nécessaire, plus qu'avant, d'avoir un comité d'audit fonctionnant de manière efficace. Pour parer les risques futurs, il n'existe pas une solution unique qui germerait du cerveau des « régulateurs » censés être des surhommes de clairvoyance. C'est par des procédures d'essais et d'erreurs successifs qu'on cherche indéfiniment à améliorer le fonctionnement des organisations privées. Tel est le rôle éminent du marché libre et du capitalisme.

C'est encore l'affaire Enron qui donne un exemple extraordinaire des capacités de régulation d'une économie capitaliste, ce qui signifie une fois de plus qu'on en a tiré une leçon totalement erronée en en faisant un symbole des dysfonctionnements du capitalisme. En effet, parmi toutes les facettes de cette affaire, il en est une qui est particulièrement surprenante, à savoir la disparition rapide d'Andersen qui avait certifié les comptes d'Enron. Cette firme avait acquis une solide réputation dans les années 1930 en dénonçant les falsifications comptables d'une grande entreprise américaine. Le respect rigoureux de son code de déontologie a donc longtemps constitué une partie importante de son fonds de commerce. Il a suffi que quelques-uns de ses milliers d'employés aient, semble-t-il, cautionné les manipulations comptables d'Enron pour que la firme disparaisse à l'échelle du monde ! Il y a là un des plus extraordinaires exemples de l'autorégulation – on serait tenté de dire de l'autorégulation morale – du capitalisme[8]. Quel contraste avec le monde administratif et politique où les hommes pratiquent de manière continue et le plus souvent sans en être sanctionnés, la corruption, le pillage des biens d'autrui

---

8. Bien entendu, ce n'est pas la seule modalité de régulation. L'existence d'un pouvoir juridique qui a pour rôle de faire respecter les règles nécessaires à l'ordre social – par exemple le respect des contrats – joue un rôle important dans le bon fonctionnement des sociétés humaines.

et la distribution de privilèges indus. Comment peut-on alors imaginer que ces mêmes hommes soient chargés de « réguler » un marché qui défend si bien les valeurs fondamentales ?

Mais, dira-t-on peut-être, il n'en reste pas moins que, dans une économie capitaliste, des fautes comme celles qui ont été commises par quelques membres du personnel d'Andersen sont possibles. On oublie cependant un élément essentiel, à savoir que les firmes d'audit ne sont pas de véritables entreprises capitalistes, mais bien plutôt des sortes de mutuelles. La structure partenariale des firmes d'audit joue un rôle essentiel dans le système de motivation et donc dans l'exercice de la responsabilité. En effet, il existe des contraintes légales qui interdisent à ces firmes – pour les auditeurs et les avocats – d'avoir une structure capitaliste traditionnelle avec des actionnaires et des salariés. Un partenaire est à la fois un salarié de la firme et un actionnaire. Les rôles de propriétaire, d'organisateur-dirigeant et d'exécutant (salarié) sont mélangés. Il y a donc *a priori* une possibilité de conflits d'intérêt.

Un partenaire est actionnaire en ce sens qu'il est en quelque sorte propriétaire d'une position dans la firme, ce qui lui donne des droits sur les profits de l'ensemble. Mais, par rapport à des actions dans des sociétés capitalistes, ces droits sont à durée limitée – ils disparaissent avec la retraite et le départ volontaire ou forcé – et ils ne sont pas (ou peu) transmissibles (même si on peut vendre ses parts, on ne peut généralement pas vendre au plus offrant, mais seulement à celui ou ceux qui sont sélectionnés par les autres partenaires)[9].

La conséquence en est que la responsabilité est diluée. On ne peut pas capitaliser les investissements et les innovations (par exemple l'investissement dans la marque et la notoriété). Il y a donc une incitation à gagner beaucoup en honoraires, à plus ou moins court terme, et non à maximiser les profits du groupe à long terme. C'est exactement le problème que pose la participation des salariés aux décisions de répartition des profits dans une entreprise[10]. C'est donc cette particularité dans la structure institutionnelle qui fait naître des conflits d'intérêts (entre le rôle de propriétaire et le rôle de salarié) et il en résulte le souci de maximiser les gains à court terme (et non à long terme). Dans ce cas, on est moins incité à maintenir la réputation à long terme de l'entreprise et davantage incité à avoir une politique complaisante à l'égard du client que l'on est censé contrôler.

---

9. Certes, on trouve aussi des clauses limitatives pour la transmission des droits de propriété dans les sociétés non cotées, mais celles-ci sont tout de même moins fréquentes.
10. Voir à ce sujet le chapitre 7 (« Le piège de la participation obligatoire dans les entreprises ») de notre ouvrage, *Libéralisme* (Odile Jacob, 2000).

Si Andersen avait été une firme capitalistique, le propriétaire capitaliste aurait davantage veillé au grain à long terme et il aurait sans aucun doute installé des procédures pour garantir la bonne qualité du travail et pour éviter les conflits d'intérêts. La véritable cause de la défaillance d'Andersen à Houston dans l'affaire Enron a d'ailleurs été mal analysée : au lieu d'y voir des conflits d'intérêts entre différentes fonctions (propriétaire et salarié), on y a vu des conflits d'intérêts entre différents métiers, en particulier celui d'auditeur et celui de consultant. On a ainsi complaisamment souligné que les auditeurs d'Enron avaient été tentés d'être laxistes parce qu'ils ne voulaient pas mécontenter des clients qui étaient par ailleurs d'importants clients de la branche *consulting* de leur entreprise. Ce n'est peut-être pas tout à fait faux, mais ce conflit d'intérêts apparent aurait été atténué ou même supprimé s'il y avait eu une véritable structure capitaliste incitant à rechercher non pas les profits à court terme, mais les profits à long terme. N'est-ce pas, d'ailleurs, ce qui se passe dans les banques sans que personne s'en émeuve ?

La véritable solution ne consiste donc pas à légiférer – contrairement à ce qu'on a fait en France et aux États-Unis – pour obliger à séparer l'audit du conseil, mais à supprimer les réglementations restrictives sur l'audit en permettant la création de structures capitalistiques. On constate, dans ce cas comme dans tous les autres, que l'interventionnisme étatique (c'est-à-dire la déresponsabilisation) entraîne toujours des effets dits « pervers », qui appellent à nouveau de l'interventionnisme. Mais, ce faisant, on ne fait que poursuivre l'œuvre de déresponsabilisation sans résoudre les vrais problèmes. Ainsi, dans le cas qui nous occupe pour le moment, on peut penser que la juxtaposition dans une même firme des fonctions d'audit et de conseil fait naître un risque de conflit d'intérêts. Mais on peut aussi penser que cette juxtaposition peut faire naître des synergies positives, les auditeurs et les consultants d'une même firme pouvant compléter leurs informations réciproques de manière à avoir une meil-leure connaissance du fonctionnement de l'entreprise pour laquelle les uns et les autres travaillent. Et c'est précisément parce que des thèses divergentes peuvent être légitimement soutenues que le législateur ne devrait pas trancher entre elles, mais laisser le marché en décider. S'il est vrai que le risque de conflit d'intérêts existe et qu'il est redouté par les actionnaires d'une entreprise, ceux-ci peuvent demander que les auditeurs et les consultants n'appartiennent pas à la même firme. Une entreprise peut alors essayer de rassurer ses actionnaires précisément en faisant savoir qu'elle a fait le choix de la séparation des rôles. Mais une autre peut très bien estimer qu'il est au contraire préférable pour elle de faire appel à des hommes et à des femmes qui partageront leurs informations ou qui obéiront à un même code déontologique. L'expérience nous dirait si l'une des thèses l'emporte sur l'autre.

L'ÉTHIQUE DE L'ENTREPRISE

Parmi tous ceux qui critiquent le capitalisme, il y a, bien sûr, tous les révolutionnaires radicaux qui souhaitent le détruire et cèdent donc à cette « illusion lyrique » qui a été en fait – et qui est nécessairement – la réalité totalitaire. Et puis il y a ceux qui considèrent que c'est un système « efficace », mais qu'on peut l'améliorer en lui ajoutant quelques préoccupations éthiques, éventuellement imposées par la contrainte, de la même manière qu'on rendrait un plat plus agréable au goût en lui ajoutant quelques pincées de sel. « L'éthique de l'entreprise » est donc devenue à la mode et on ne compte plus les articles et colloques qui lui sont consacrés. On débattra donc d'abord pour savoir si le capitalisme est immoral – puisqu'il reposerait uniquement sur la recherche honnie du profit – ou simplement amoral dans la mesure où il serait un simple principe d'organisation sans aucune finalité humaine[11]. En réalité le capitalisme est moralement

---

11. L'idée selon laquelle le capitalisme serait amoral a été défendue récemment par André Comte-Sponville dans son ouvrage, *Le Capitalisme*

fondé et il est même le seul système social satisfaisant de ce point de vue. Il en est ainsi parce qu'il repose sur les grands principes de la morale universelle : le respect des droits individuels, la liberté contractuelle, le respect de la parole donnée. Et c'est pourquoi il est incohérent de vouloir ajouter une dimension morale au capitalisme. *Il est moral.*

Il est d'ailleurs absurde de parler d'éthique de l'entreprise, car une entreprise – nous l'avons rappelé – n'est rien d'autre qu'un ensemble de contrats. Or un contrat ne peut pas agir, penser, se comporter de manière morale ou immorale. Dans une société qui respecte les droits individuels, c'est-à-dire une société fondée sur l'éthique des droits, les contrats constitutifs de l'entreprise capitaliste sont signés entre des personnes dont les droits respectifs sont définis et respectés. Or le respect des droits individuels est le seul fondement que l'on puisse trouver à une éthique universelle, ou, tout au moins, une éthique universalisable (c'est-à-dire susceptible d'être universellement reconnue). En effet, cette éthique des droits individuels est la seule éthique cohérente que l'on puisse imaginer : si les droits des membres d'une société sont légitimes et correctement

---

est-il moral ?, Paris, Albin Michel, 2004. En donnant une justification de type intellectuel aux préjugés du moment, il a obtenu un certain succès. Mais il n'en reste pas moins qu'il n'a pas compris les principes réels du capitalisme. Son livre fait donc l'analyse d'une situation inexistante et, en tant que tel, il est sans objet.

définis, il est du devoir de chacun de respecter les droits d'autrui : selon la formule consacrée, les droits de chacun s'arrêtent là où les droits des autres commencent. Il ne peut alors pas y avoir de contradiction entre les actions des uns et celles des autres, puisqu'elles respectent toutes les mêmes droits. Or c'est sur cette éthique universelle qu'est fondé le capitalisme en tant que système de propriété privée, c'est-à-dire système de définition des droits individuels.

Mais il ne faut pas confondre cette éthique universelle avec l'éthique personnelle, c'est-à-dire l'ensemble des principes que chacun de nous, à titre individuel, considère comme moraux et auxquels nous cherchons à adapter notre conduite.

Ainsi, la générosité est considérée par beaucoup d'individus comme un principe moral légitime qui doit inspirer la vie quotidienne. Mais elle ne l'est pas par tous. C'est donc à tort que l'on reprocherait à quelqu'un d'être immoral ou même amoral parce qu'il ne reconnaît pas l'altruisme comme un principe moral auquel on doit obéir. En effet, il est impossible de donner un contenu précis à cette notion. Étant donné que les ressources disponibles pour chacun de nous – à commencer par le temps dont nous disposons au cours de notre vie – ne sont pas infinies, il nous faut nécessairement définir une limite à la générosité, c'est-à-dire décider d'exclure un grand nombre de personnes du bénéfice de nos actes généreux potentiels. Or chacun d'entre nous définira des exclusions différentes, selon ses connaissances, ses préjugés, ses motivations et il est donc logiquement impossible de définir les limites de la générosité de manière universelle. L'éthique de la générosité est certainement respectable, mais elle ne peut pas avoir un caractère universel. Par conséquent, si nous sommes – comme nous devrions l'être – respectueux de l'éthique universelle, nous devons respecter les actes d'autrui dans la mesure où ils sont inscrits dans le domaine de ses propres droits et nous devrions nous interdire de porter un jugement prétendument moral sur ses actes. Chacun de nous a le droit, dans la disposition des ressources qu'il possède légitimement, d'être plus ou moins altruiste, plus ou moins égoïste, et même d'être totalement égoïste. Ce faisant, nous ne prétendons pas qu'il *faut* être égoïste, mais seulement qu'on a le droit de l'être et, respectueux des droits d'autrui, que nous ne devons pas reprocher à quiconque son égoisme. Je dois me défendre contre celui qui porte atteinte à mes droits légitimes, mais je n'ai pas à lui reprocher son égoïsme éventuel. Libre à moi de ne pas fréquenter l'égoïste si l'égoïsme me fait horreur. Libre à moi de le pratiquer si je le considère comme souhaitable.

C'est de ce conflit potentiel entre l'éthique universelle et les éthiques personnelles que naît le totalitarisme des bien-pensants, celui-là même qui est à la racine de la social-démocratie[12]. Il est totalitaire – c'est-à-dire contraire à l'éthique universelle des droits – de vouloir imposer à autrui de se comporter conformément à sa propre éthique personnelle. En agissant ainsi, le pouvoir politique s'attribue par la force le droit de gérer la totalité de nos vies et donc de réduire à néant notre libre arbitre qui est pourtant la condition même de toute décision éthiquement fondée : en supprimant la possibilité du choix, ce qui est imposé rend impossible l'évaluation éthique des actes humains.

Il est par conséquent incohérent de demander à l'« entreprise » de se comporter en fonction d'une éthique quelconque autre que l'éthique universelle. C'est pourquoi il est dénué de sens de vouloir *ajouter* des préoccupations éthiques au fonctionnement normal de l'entreprise. Ceux qui signent les contrats constitutifs d'une entreprise – ses propriétaires, ses salariés, ses prêteurs, clients et fournisseurs – doivent se comporter moralement, en ce sens qu'ils doivent respecter leurs contrats. Ils peuvent par ailleurs, à titre personnel et sans que cela concerne le moins du monde l'entreprise, adopter l'éthique personnelle qui leur convient, à condition

---

12. Ne parlons pas, à ce sujet, du communisme pour lequel l'éthique, qu'elle soit personnelle ou universelle, n'est guère qu'un paravent pour cacher son caractère totalitaire.

de respecter les droits d'autrui et leur propre morale personnelle. Ainsi, n'importe qui a le droit d'être mécène en donnant généreusement une partie de ce qu'il possède pour une œuvre artistique, sociale ou scientifique qui lui semble digne d'intérêt. Mais ce n'est pas à l'entreprise d'être mécène. Malheureusement, les mécènes individuels ont largement disparu à notre époque, dans un pays comme la France, car ils sont victimes de la folie fiscale qui, par sa haine de la réussite, les met en esclavage en leur confisquant la plus grande partie de ce qui leur appartient légitimement du fait de leurs efforts personnels. On croit alors trouver un relais dans le « mécénat d'entreprise ». Mais si ce dernier est bien considéré dans la panoplie des idées à la mode, son existence même est l'un des symboles de la dégradation du sens moral : une entreprise ne peut être « mécène » qu'en portant atteinte aux droits de propriété de certains des partenaires de l'entreprise, par exemple des actionnaires minoritaires qui sont ainsi lésés d'une partie de leurs profits potentiels ou même peut-être des salariés qui auraient, sinon, obtenu des salaires plus élevés. À chacun, individuellement, d'être généreux. Ce ne devrait pas être l'affaire de l'entreprise et encore moins, évidemment, de l'État.

C'est pour les mêmes raisons qu'il ne peut exister de « responsabilité sociale de l'entreprise ». Celle-ci impliquerait, selon les idées à la mode des prétendus bien-pensants, que l'entreprise ne devrait pas licencier ses salariés, même si elle connaît ou anticipe des difficultés. On comprend, certes, cette préoccupation dans le contexte de notre époque et de notre pays où le chômage est important et où, par conséquent, un salarié qui est licencié de son entreprise peut avoir du mal à retrouver un emploi. C'est effectivement un drame humain qui mérite notre attention. Mais la compassion que l'on peut éprouver à l'égard des victimes de telles situations ne doit pas nous dispenser de recourir à la raison et donc de réfléchir. Les propriétaires d'une firme qui licencie ne sont en effet pas responsables du chômage. Celui-ci provient, comme nous le soulignons dans le présent ouvrage, des politiques économiques qui sont pratiquées, plus précisément des excès de la fiscalité et de la réglementation. Ce n'est donc pas en demandant aux entreprises de renoncer à licencier que l'on résoudra le problème du chômage, mais en faisant sauter les formidables obstacles qui empêchent la création d'entreprises nouvelles et le développement de celles qui existent. Le licenciement serait ressenti comme beaucoup moins douloureux si le salarié licencié avait la quasi-certitude de retrouver rapidement un emploi équivalent ou même mieux rémunéré. C'est bien ce qui se passe dans les pays où le taux de chômage est faible, par exemple les États-Unis au cours de la plupart des années de la période reaganienne et postreaganienne. Dans un tel environnement – celui qui prévaut normalement dans un monde capitaliste où l'État s'abstient d'intervenir –, il est normal que certaines entreprises licencient afin d'épargner la ressource la plus rare que l'on puisse imaginer, la ressource humaine. C'est alors qu'il apparaît également normal de considérer que l'entreprise n'a pas de responsabilité sociale, si ce n'est la responsabilité qu'ont tous les partenaires de respecter les droits de ceux avec qui ils ont signé des contrats.

MIEUX PARTAGER LES REVENUS DE L'ENTREPRISE ?

Le partage équitable des fruits de la croissance est aussi une idée à la mode. Et c'est, bien entendu, à partir des principes énoncés ci-dessus, que nous sommes conduits à le refuser. Ainsi, en 2005, la nouvelle d'une augmentation des profits des entreprises françaises du CAC 40 a suffi pour que les salariés – ou plutôt les syndicats et leurs habituelles caisses de résonance politiques – s'indignent et réclament un plus juste « partage des fruits de la croissance ». Davantage sensible aux vociférations de la rue qu'à une analyse sereine des problèmes, le gouvernement s'est empressé de dresser une oreille attentive à ces clameurs.

Pourtant, et il est malheureux d'avoir indéfiniment à le rappeler, l'idée selon laquelle il existerait un « partage des fruits de la croissance » est tout simplement dénuée de sens. Comment fonctionne en effet – ou devrait fonctionner – une économie libre ? Ses fondements sont d'ordre microéconomique et contractuel. Les variables macroéconomiques – revenu national, masse des salaires ou des profits – sont le résultat de millions de décisions individuelles et de contrats et ne constituent que des constructions statistiques *a posteriori*. Mais si l'on souhaite bien comprendre la formation des revenus, il est impératif de revenir au niveau des décisions concrètes des individus. Ainsi, les propriétaires d'entreprises promettent par contrat un salaire à leurs employés, de même qu'ils promettent un intérêt à ceux qui leur prêtent de l'argent. Les salaires et les intérêts sont des rémunérations certaines, puisque leur montant périodique est déterminé contractuellement entre les parties, et leur existence résulte donc des engagements pris par les propriétaires des entreprises. Quant à ces derniers, ils reçoivent un revenu qu'on appelle le profit et qui est fondamentalement incertain : comme on l'a déjà souligné, sa nature est en effet résiduelle, c'est-à-dire que le profit est constitué par ce qui reste disponible dans l'entreprise une fois tous les engagements contractuels honorés (vis-à-vis des salariés, des prêteurs, mais aussi des fournisseurs et des clients).

La formation des revenus résulte donc d'un nombre immense de décisions individuelles qui rétroagissent les unes sur les autres. Ainsi, s'il existe un progrès technique important dans certaines activités, ceux qui les développent seront incités – parce qu'ils en ont la possibilité – à accroître les salaires offerts pour attirer les salariés dont ils ont besoin. Sur un marché libre où la concurrence existe, cela entraîne l'augmentation de tous les salaires, chaque producteur devant répondre aux signaux du marché et faire le nécessaire pour conserver ou attirer la main-d'œuvre dont il a besoin. Il faut d'ailleurs rappeler que la seule cause durable d'augmentation des salaires ne peut provenir que des innovations, ce qui inclut d'ailleurs aussi bien les innovations institutionnelles que les innovations d'ordre purement technologique. Tout le reste – et en particulier les prétendus efforts en vue d'effectuer une répartition « juste » des revenus – n'est qu'illusion et démagogie.

Dans une économie en changement, comme l'est l'économie française, l'incertitude est nécessairement présente. Les entrepreneurs existent heureusement et ils sont les seuls à remplir une fonction sociale indispensable : prendre le risque en charge. Ils sont rémunérés pour cela par le profit. Celui-ci dépend d'une part de la qualité de leur gestion – et c'est précisément parce que leur rémunération est risquée qu'ils sont incités à constamment améliorer leur gestion – et d'autre part de l'évolution de l'environnement qu'ils ne peuvent évidemment pas maîtriser. Dire que le profit est risqué, c'est dire qu'il est variable : il peut être très élevé pour certains producteurs et à certaines périodes, faible ou négatif dans d'autres circonstances, avec même le risque d'être conduit à la faillite. Il est alors absurde de prétendre que les profits sont excessifs et qu'il convient d'en redistribuer une partie aux salariés. Ces derniers ont reçu ce qui avait été décidé contractuellement et ils n'ont donc pas été volés ou exploités. Et quel pourrait être le rôle des profits s'ils devaient être redistribués lorsqu'ils sont relativement importants, mais pris en charge par les seuls entrepreneurs lorsqu'ils sont négatifs ? À la limite, c'est évidemment la survie même des entreprises – donc des emplois et des salaires – qui est en jeu. On doit de même considérer comme parfaitement ridicules les projets de ceux qui voudraient interdire les licenciements par les entreprises qui font des profits ! Pour une entreprise arrivée à maturité, ainsi que nous l'avons déjà vu, les licenciements peuvent être le seul moyen de maintenir des profits et même d'éviter la faillite (ce qui se traduirait évidemment par une destruction d'emplois encore plus importante). On ne résout pas le problème du chômage en empêchant les licenciements, mais en créant un environnement institutionnel et fiscal favorable pour la création et la croissance des entreprises.

Dans le cas de la France, les revendications en faveur d'un « meilleur partage des revenus », exprimées par exemple en 2005, se fondaient sur le fait que le taux de rendement des valeurs de l'indice CAC 40 avait été proche de 3 % pour l'année 2004, ce que l'on peut pourtant difficilement considérer comme un taux de rendement considérable (par exemple en comparaison des obligations et autres titres à revenu fixe). La simple augmentation de ce taux par rapport aux années précédentes ne suffisait évidemment pas pour le juger « excessif ». N'aurait-il pas fallu alors estimer, par exemple, que le taux de 1,10 % en 1999 était « insuffisant »? Par ailleurs, le taux de rendement des valeurs de l'indice du CAC 40 n'est évidemment pas représentatif du taux de profit de l'ensemble des entreprises françaises.

Certes, on trouvera toujours des statisticiens pour affirmer, chiffres à l'appui, que le partage du revenu national au cours de telle ou telle période a évolué aux dépens ou au profit des salaires. Mais leurs statistiques n'ont strictement aucun intérêt dans la mesure où il n'existe pas de revenu national à partager. Si nous étions dans une économie totalement centralisée et planifiée, l'autorité centrale répartirait des ressources qu'elle se serait appropriées et elle pourrait être considérée comme propriétaire du « revenu national ». Dans une économie libre ces procédures sont dénuées de sens et elles ne devraient pas pouvoir fonder une quelconque politique économique.

Le pouvoir d'achat des salariés français ne pourra durablement s'améliorer, nous l'avons dit, que dans la mesure où le rythme des innovations sera élevé. Il faut pour cela restaurer les incitations à entreprendre, à faire des profits, à travailler et à épargner qui sont actuellement détruites par les excès de la fiscalité et de la réglementation. Ce n'est pas en exhortant les entreprises à augmenter les salaires par prélèvement sur les profits ou en augmentant les rémunérations des fonctionnaires, en prélevant évidemment plus d'impôts sur les Français, que l'on pourra répondre aux espoirs des salariés. Pour créer une véritable prospérité en France, il n'y a absolument pas d'autre solution que de s'attaquer enfin avec vigueur et rapidité aux terrifiants obstacles réglementaires et fiscaux qui détruisent la liberté contractuelle et freinent l'innovation et la créativité.

CHAPITRE IV

RÉFORMER, C'EST POSSIBLE

Oui, réformer c'est possible, et c'est même possible très rapidement. D'innombrables exemples étrangers – dont on ferait bien de s'inspirer en France – en apportent la preuve. Nous n'en présenterons pas un tableau exhaustif, mais nous nous contenterons de donner quelques exemples significatifs. Ceux-ci nous montrent tout d'abord qu'il est nécessaire de mener de front toutes les réformes (réforme fiscale, réforme des retraites, contrôle des dépenses publiques et réforme de la fonction publique, introduction de la concurrence dans le domaine de la santé ou de l'éducation, etc.), de manière à éviter la montée des oppositions catégorielles et de manière à mettre en place un nouveau système économique dont les différentes parties sont cohérentes entre elles. Ces expériences montrent aussi qu'il est préférable d'effectuer les réformes après une victoire électorale et aussi vite que possible, c'est-à-dire à une époque où les dirigeants semblent disposer d'un mandat clair des citoyens et où l'opposition a perdu une partie de sa légitimité. Elles montrent enfin que même les réformes qui semblent les plus difficiles à réaliser, parce qu'elles rencontrent *a priori* plus de résistance que les autres, sont néanmoins possibles, à condition que les réformateurs aient des convictions fermes et claires et qu'ils aient le courage de résister à toutes les attaques de leurs opposants.

LE ZÈLE RÉFORMATEUR DES KIWIS

L'exemple de la Nouvelle-Zélande au cours des années 1980 et 1990 est intéressant à un double titre, tout d'abord parce que les réformes ont été faites à un rythme rapide, ensuite parce que le mouvement de réforme a été lancé par un gouvernement travailliste qui a su donner la priorité à un raisonnement économique sain au lieu de s'en remettre au conservatisme idéologique si typique de la gauche française. Les résultats en ont été très satisfaisants[1], même si on peut regretter que certaines

---

1. Le journal *Le Monde* lui-même l'a reconnu puisqu'il titrait un article du 8 juillet 2005 : « Modèle de libéralisme économique, la Nouvelle-Zélande enregistre des performances exceptionnelles ».

réformes n'aient pas été poussées plus loin et n'aient par conséquent pas permis l'explosion de prospérité qu'on aurait pu espérer : pour reprendre les termes de Frédéric Sautet[2] – à qui nous empruntons une grande partie des faits relatés ci-dessous –, les Kiwis ne sont pas devenus des Tigres (comme ceux du Sud-Est asiatique). Il n'en reste pas moins que la Nouvelle-Zélande a surmonté les plus graves de ses problèmes et qu'elle constitue, de ce point de vue, un exemple que les Français auraient intérêt à méditer. Bien sûr, les esprits chagrins, à court d'arguments, n'hésiteront pas à dire que cette expérience n'est pas transposable à la France parce que la Nouvelle-Zélande est un petit pays (de même, sans doute, que les réformes d'un Reagan ne sont pas transposables à la France parce que les États-Unis sont un grand pays). Laissons donc tomber ce type d'arguments qui ne reflètent rien d'autre que le désir d'aveuglement de ceux qui les expriment et considérons les principaux éléments des réformes néo-zélandaises.

C'est en 1985 que le processus de réformes a pris son essor sous l'impulsion de David Lange, Premier ministre du gouvernement travailliste, et de Roger Douglas, ministre des Finances. Jusqu'à cette date, la Nouvelle-Zélande était l'un des pays

---

2. Frédéric Sautet, « Why have Kiwis not become Tigers ? », *The Independent Review*, vol. X, printemps 2006, p. 571-595.

les plus réglementés et les plus protectionnistes de l'OCDE. Les taux d'impôts étaient élevés, le gouvernement distribuait de larges subventions, en particulier à l'agriculture[3], le marché du travail était très réglementé, la politique monétaire était laxiste. Il en résultait, comme dans tous les pays qui pratiquent ce genre de « régulation » étatique, un chômage élevé, une faible croissance et de l'inflation. D'après Frédéric Sautet, cinq réformes ont changé l'économie et c'est la conjonction de ces réformes, mises en place simultanément, qui a véritablement permis un redressement économique durable et profond. Il y a donc un contraste intéressant à souligner entre le caractère massif et coordonné des réformes néozélandaises et l'habitude française de procéder à des réformettes timides très étalées dans le temps et sans vision d'ensemble. Les cinq réformes néozélandaises furent les suivantes : la réforme fiscale, la réforme du marché du travail, la réforme de la politique commerciale, la réforme monétaire et la réforme de la politique budgétaire.

La réforme monétaire a consisté à rendre la Banque centrale indépendante, mais aussi et surtout à mettre en place un système de contrat entre le gouverneur de la Banque centrale et le gouvernement,

---

3. Entre autres choses, les réformes néo-zélandaises ultérieures montreront bien que l'agriculture peut se passer de subventions. C'est une leçon que l'on devrait retenir afin de supprimer les effrayants gaspillages de la politique agricole commune de l'Union européenne.

visant à fixer une fourchette de taux d'inflation à atteindre (qui fut d'abord de 0 à 2 %, puis de 1 à 3 %), à l'exclusion de tout autre objectif. La responsabilité du gouverneur est mise en cause si l'objectif n'est pas atteint, c'est-à-dire qu'il doit démissionner. Cet exemple est intéressant parce qu'il repose sur l'idée correcte selon laquelle il ne suffit pas d'être indépendant pour prendre de bonnes décisions, puisqu'on risque alors d'être irresponsable, et qu'il convient donc d'introduire des procédures de responsabilisation. On l'oublie toujours en France où la culture de la responsabilité a complètement disparu et où l'on croit qu'il suffit de créer une « autorité de régulation » ou une quelconque haute autorité, meublée par les hôtes habituels de la nomenklatura politique et syndicale, pour résoudre tous les problèmes !

Dans le cas de la Nouvelle-Zélande, le contrat monétaire a été respecté, puisque le taux d'inflation – qui avait atteint en moyenne 12 % par an entre 1970 et 1984 – est resté aux alentours de 2 % dans les années 1990. Pour autant, ce n'est pas dans le domaine monétaire ou dans le domaine de la politique commerciale que nous trouverons les leçons les plus significatives pour le cas de la France, puisque la politique monétaire dépend de la Banque centrale européenne à laquelle on a donné en principe un objectif unique, celui d'éviter l'inflation (mais sans procédure de responsabilisation) ;

et puisque la libéralisation des échanges a déjà été largement effectuée à la fois dans le cadre européen et dans le cadre du GATT ou de l'OMC. On peut cependant noter ce fait intéressant que la Nouvelle-Zélande a décidé une importante libéralisation commerciale vis-à-vis de l'étranger de manière unilatérale, sans éprouver le besoin de négocier des accords réciproques ou de créer une quelconque union économique. Or les effets de ce désarmement douanier ont été très bénéfiques. En particulier, la suppression des protections qui avaient été accordées à de nombreux produits agricoles a poussé les agriculteurs à abandonner certaines de leurs cultures traditionnelles pour développer de nouveaux produits, ce qu'ils ont fait avec succès. Laissons aussi de côté les réformes de la politique budgétaire au caractère plus technique et soulignons plutôt les caractéristiques de la politique fiscale et de la politique de déréglementation du marché du travail en Nouvelle-Zélande.

La réforme fiscale mise en œuvre en 1985 par le gouvernement travailliste néo-zélandais a consisté à diminuer la progressivité de l'impôt sur le revenu et à élargir la base taxable en créant une sorte de TVA (à un taux de 10 %, porté à 12,5 % en 1989). La réduction de la progressivité a été considérable et rapide puisque le taux le plus élevé de l'impôt sur le revenu a été abaissé de 66 % en 1985 à 33 % en 1988. Une telle baisse rend parfaitement ridicules

les petites baisses de 1 % ou 0,5 % qui ont parfois été décidées par les gouvernements français de droite qui n'ont pas hésité pour autant à proclamer qu'ils avaient décidé une importante réforme fiscale ! Dernière en date, la réforme fiscale annoncée en 2005 par le Premier ministre, Dominique de Villepin, a promis aux Français un changement qui n'était pas immédiat, mais repoussé à 2007 (c'est tellement difficile de baisser les impôts !). Mais quand on y regarde de près, on s'aperçoit qu'en réalité le taux marginal le plus élevé augmente au lieu de diminuer[4]. Les gouvernants français feraient donc bien d'aller faire un stage en Nouvelle-Zélande (si ce n'est, bien sûr, en Irlande, en Angleterre, en Slovaquie ou en Estonie)[5]. Ils y apprendraient sans

---

4. En outre, le taux marginal effectif est même fortement accru pour un certain nombre de contribuables car il a été décidé de plafonner les « avantages fiscaux » (qu'on devrait plutôt appeler « exonérations de spoliation fiscale »). Or, dans la plupart des réformes fiscales significatives, on a effectivement supprimé les « niches fiscales » – ce qui est légitime – mais en contrepartie on a considérablement diminué les taux marginaux d'imposition. Les « niches fiscales » ou « avantages fiscaux », aussi arbitraires soient-ils, sont un moyen d'atténuer les rigueurs d'une fiscalité extrêmement spoliatrice. Elles se justifient moins lorsque la fiscalité devient moins spoliatrice. Mais le gouvernement français innove par rapport à toutes les réformes fiscales réussies : il supprime les niches fiscales, sans diminuer les taux d'impôts !
5. Alain Juppé, lorsqu'il était Premier ministre, avait décidé que tous les médecins devaient faire de la formation permanente. Que n'eût-il plutôt décidé de l'exiger des hommes politiques pour lesquels, au demeurant, l'exigence ne devrait pas seulement être la formation permanente, mais d'abord la formation initiale qui leur manque si cruellement, par exemple s'ils sont anciens élèves de l'ENA !

179

doute que la différence entre la Nouvelle-Zélande et la France ne tient pas au fait que le premier pays est plus petit, mais plutôt qu'il s'y trouve une gauche intelligente et que la droite, par conséquent, est bien obligée de l'être également.

La réforme fiscale néo-zélandaise a été certes rapide et profonde. Mais Frédéric Sautet souligne qu'elle a, malgré tout, été insuffisante pour mettre la Nouvelle-Zélande au niveau de certains pays du Sud-Est asiatique. Ainsi, à Hong Kong, le taux maximum de l'impôt sur le revenu est de 17 % et à Singapour il est de 22 %. En outre, ce dernier taux s'applique seulement pour un revenu plus de neuf fois supérieur au revenu moyen du pays, alors qu'en Nouvelle-Zélande le taux maximum s'applique déjà pour un revenu qui est seulement égal à 1,21 fois le revenu moyen. Par ailleurs, Frédéric Sautet souligne à juste titre que l'impôt sur le revenu et la TVA sont prélevés sur la même base fiscale, à savoir la création de richesses par l'échange. C'est pourquoi, en Nouvelle-Zélande, le véritable taux marginal n'est pas passé de 66 à 33 %, mais de 66 à 39,7 % puisqu'il faut tenir compte de la création d'un impôt de type TVA – supposé à tort être un impôt sur la consommation – de 10 %[6]. Le taux

---

6. Sur une valeur produite de 100, la TVA prend 10 et il reste 90, sur lesquels l'impôt sur le revenu au taux de 33 % prend 29,7. Il reste donc 60,3 et le taux d'imposition global (TVA + impôt sur le revenu) est égal à 39,7 %.

marginal effectif passera même ensuite à 46,6 % du fait de l'augmentation des taux de TVA (à 12,5 %) et du taux maximum de l'impôt sur le revenu (passé à 39 %). On reste certes à des niveaux considérablement inférieurs à ceux de la France (si l'on fait le cumul du taux maximum de l'impôt sur le revenu, de la TVA et des cotisations sociales), mais on est tout de même loin de Hong Kong ou de Singapour. C'est pourquoi, même si la réforme fiscale néo-zélandaise a été un facteur indiscutable de relance économique, elle n'a pas été poussée assez loin pour produire tous ses effets. Mais l'exemple de la Nouvelle-Zélande nous apporte une autre leçon que l'on ne veut généralement pas admettre en France : la baisse profonde des taux d'impôts n'a pas empêché le budget d'enregistrer un excédent à partir de 1993. Cela est dû, essentiellement, au fait que la baisse des impôts, stimulant l'activité économique, permet un élargissement de l'assiette de l'impôt, donc une augmentation des recettes fiscales[7].

Effectuée à la fin des années 1980, la réforme fiscale a été en particulier complétée peu après, en 1991, par une réforme du Droit du travail exemplaire, réalisée en six semaines par le nouveau gouvernement conservateur et plus particulièrement par son ministre des Finances, Mme Ruth Richard-

---

7. C'est une illustration de ce que l'on a coutume à notre époque d'appeler la « courbe de Laffer » (voir ci-après).

son. Celle-ci, membre de la Société du Mont Pèlerin[8], avait des convictions et des compétences suffisamment solides pour savoir ce qui pourrait améliorer le sort des salariés, sans avoir besoin pour cela de réunir des comités d'experts, de négocier avec des syndicats ou de rechercher par des sondages ce qui pourrait plaire aux électeurs. La réforme a consisté essentiellement à supprimer le caractère collectif et obligatoire des relations de travail pour y substituer la liberté contractuelle. Les conventions collectives sont devenues purement supplétives, c'est-à-dire qu'elles peuvent être utilisées seulement si les parties concernées le désirent. Mais le contrat de travail est devenu essentiellement une question négociée de manière individuelle entre un salarié et son employeur. Il est d'ailleurs intéressant de noter que la liberté a été laissée aux salariés de négocier eux-mêmes leur contrat ou d'avoir recours à un intermédiaire et à un accord collectif. Or la majorité des salariés a librement choisi la première solution. Encore un exemple à méditer pour la classe politique française qui s'imagine que les individus sont incapables

---

8. La Société du Mont Pèlerin peut être définie comme l'association internationale des intellectuels libéraux. Elle a été fondée en 1947 – au Mont Pèlerin en Suisse – par Friedrich Hayek, auquel le prix Nobel d'économie a été ultérieurement décerné. Elle ne cherche pas la publicité et elle ne veut aucun lien avec la politique. Elle est essentiellement un lieu de rencontre pour ses membres. Six d'entre eux ont obtenu le prix Nobel d'économie.

de décider eux-mêmes du contrat de travail qu'ils préfèrent et qui passe son temps à imaginer de nouveaux types de contrats (du CNE au CPE, en passant par le contrat de réinsertion, le CDD et le CDI, etc.). Ainsi, partiellement mis au chômage, les leaders syndicaux se sont souvent reconvertis en conseillers pour les relations du travail et ils sont heureux, car ils sont bien mieux payés. Quant aux autres, les salariés, ils ont toutes les raisons d'être satisfaits du changement. Non seulement ils peuvent choisir leur contrat de travail, mais le chômage a pratiquement disparu du pays grâce à la plus grande flexibilité ainsi introduite sur le marché du travail et grâce aussi à la réforme fiscale qui a restauré les incitations productives. Ainsi, le taux de chômage qui était de 11 % en 1991 est tombé à 4 % en 2004 ! De quoi faire rêver les Français empêtrés dans leur fameux modèle social qui est surtout un modèle de destruction sociale. Ne l'oublions pas, en effet, lorsque le taux de chômage est faible, les salariés deviennent les « maîtres » de la négociation, car les employeurs savent qu'ils auront du mal à remplacer un salarié qui les quitte. Les salariés n'ont alors pas besoin, précisément, de la protection qu'est censée leur apporter le Droit du travail. Mais celui-ci, justement parce qu'il crée des rigidités sur le marché du travail, est créateur de chômage et donc d'une demande de sécurité qui incite les hommes politiques démagogiques à accroître continuellement la protection illusoire qu'est censé donner le Droit du travail. Les Néo-Zélandais ont su rompre ce cercle vicieux avec succès, ce que les Français n'ont jamais réussi, bien qu'ils croient encore faire partie du pays le plus intelligent du monde.

DE RONALD REAGAN À MART LAAR : LA VICTOIRE DES IDÉES SIMPLES[9]

Il serait fastidieux de passer en revue la panoplie complète des politiques de libéralisation qui ont permis à toutes sortes de pays, grands ou petits, anciennement capitalistes ou nouvellement libérés du communisme, déjà développés ou retardataires, d'emprunter le chemin de la prospérité. Un fait général est pourtant tellement évident que l'on s'étonne qu'il ne soit pas encore perçu par les Français, enfermés dans leurs illusions et leur conservatisme : il existe une relation très forte entre le degré de liberté économique dont jouissent les individus dans un pays et leur prospérité. Pour s'en convaincre, il suffit, par exemple, de jeter un coup

---

9. Il ne suffit évidemment pas qu'une idée soit simple pour qu'elle soit correcte. En l'occurrence, les idées simples étaient fondées sur des principes forts et réalistes.

d'œil à la publication annuelle du *Wall Street Journal* et du *think tank* américain Heritage Foundation (dont le président, Ed Feulner, est, lui aussi, un membre de la Société du Mont Pèlerin), *The Index of Economic Freedom*. On y trouvera, par exemple, une courbe qui montre visuellement et de manière frappante cette corrélation entre liberté et prospérité. En tête du classement – établi à partir de plusieurs critères – des pays les plus libres économiquement, on trouve Hong Kong, Singapour, l'Irlande, le Luxembourg, puis l'Islande, le Royaume-Uni et l'Estonie, pays prospères qui connaissent pour la plupart un taux de progrès impressionnant. Par ailleurs, dans l'ensemble des 157 pays considérés, le revenu moyen par tête est de 30 000 dollars pour les pays qui entrent dans la catégorie des « pays libres », alors qu'il n'est plus que de 13 530 dollars pour les pays qui entrent dans la catégorie des « pays essentiellement libres » (catégorie à laquelle appartient la France, qui arrive seulement en 45e position dans le classement de 2007, derrière la plupart des pays européens, en particulier les pays ex-communistes).

Les performances des pays les plus libres sont certes dues à des progrès technologiques importants, mais ceux-ci ne sont que la conséquence de la liberté économique et du cadre institutionnel qui la rend possible (faible fiscalité, faible réglementation, sécurité des droits de propriété, etc.). S'il était vrai que les hommes politiques français étaient sincèrement préoccupés du sort de leurs concitoyens-électeurs et pas seulement de leur propre prestige, de leurs pouvoirs, de tout l'enrichissement et de tous les avantages matériels qui leur sont liés, ils devraient regarder ces tableaux et ces graphiques, ils devraient les méditer (rapidement) et en tirer les conséquences, c'est-à-dire faire exactement le contraire de tout ce qu'ils ont fait depuis des décennies ! Sans doute est-ce trop leur demander car leur regard est aveugle, occulté par une seule préoccupation : comment s'assurer qu'on obtiendra bien l'investiture de son parti lors des prochaines élections et ce en étant adoubé par un président de la République – de droite ou de gauche – qui est lui-même aveugle à toutes les réalités du monde comme à toutes les réflexions sérieuses.

De l'étude précitée de l'Heritage Foundation et du *Wall Street Journal* ressort une autre conclusion qui est particulièrement importante pour la politique de notre pays. Comme l'indique l'un des co-auteurs de cette étude, Mary Anastasia O'Grady, dans un article du *Wall Street Journal-Europe* (4 janvier 2006) : « Les pays qui libéralisent rapidement et complètement obtiennent des succès retentissants, politiquement et économiquement. Au contraire, le gradualisme conduit au risque de stagnation et même de retours en arrière, car les bénéfices des réformes ne sont pas assez évidents pour impressionner les électeurs et pour générer un mouvement durable en leur faveur. »

Parmi les innombrables exemples de politiques de libéralisation réussies, on ne peut évidemment pas éviter de citer les réformes mises en œuvre par Ronald Reagan, en particulier sa réforme fiscale. Une loi votée en juillet 1981 a fait passer immédiatement le taux maximum de l'impôt sur le revenu de 70 à 50 %. Ce taux maximum a été de nouveau abaissé de manière importante en 1986, puisqu'il est passé à 28 % (33 % dans certaines circonstances). Ainsi, en cinq ans, le taux maximum de l'impôt sur le revenu a été diminué de 60 % ! Autrement dit, un Américain qui gagnait 100 et qui se trouvait dans la tranche la plus élevée de l'impôt sur le revenu ne pouvait conserver que 30 en 1981, juste avant la réforme, mais il pouvait conserver 72 en 1987 après la deuxième baisse d'impôts, c'est-à-dire que son revenu marginal a été multiplié par 2;4. Cela représente une incitation formidable à faire plus d'efforts de travail, d'investissement et d'épargne, à entreprendre davantage. C'est bien ce qui s'est passé. L'expansion accrue qui en est résultée a eu des conséquences étonnantes (mais prévisibles lorsqu'on connaît la théorie économique) sur les recettes fiscales. Celles-ci ont d'abord diminué en 1982 et 1983 car il faut un peu de temps pour que les contribuables réagissent à la réforme fiscale en ajustant leurs activités à la hausse. Par conséquent, au cours de cette courte période, l'État a appliqué des taux plus bas à une assiette fiscale qui augmentait peu, de telle sorte que les recettes fiscales ont diminué. Mais, dès 1984, on avait retrouvé un niveau de recettes fiscales légèrement supérieur à celui de 1982 et en 1986 il dépassait très largement celui de 1981, c'est-à-dire celui qui précédait la réforme fiscale. Ces résultats sont remarquables car ils montrent bien que tout le monde gagne à une telle diminution des taux d'impôts les plus élevés. Les contribuables les plus riches, bien sûr, conservent une plus grande partie du résultat de leurs efforts. Mais les autres gagnent aussi, car ils bénéficient de la prospérité accrue sous forme d'emplois et de salaires plus élevés. Quant à l'État, il voit ses recettes non pas diminuer – sauf pendant une courte période – mais augmenter de manière spectaculaire. Cette expérience américaine nous donne donc une illustration très claire de ce qu'on a coutume d'appeler à notre époque la « courbe de Laffer ». Celle-ci rappelle le fait que la matière taxable se dérobe de plus en plus au fur et à mesure que les taux des impôts augmentent, de telle sorte qu'il arrive un moment où l'augmentation des taux des prélèvements obligatoires, au lieu d'accroître les recettes fiscales, les diminue au contraire. Cela signifie aussi qu'un même montant de recettes fiscales peut être obtenu par des impôts à taux faible ou par des impôts à taux élevés. Comme les seconds sont plus nuisibles pour les citoyens que les premiers, il vaut évidemment mieux opter pour des taux faibles. Il y a là une évidence que confortent aussi bien le raisonnement économique que les nombreuses expériences de décrue fiscale qui ont eu lieu au cours des années passées. Et l'on ne peut que s'étonner que les gouvernements et les parlements français aient toujours été aussi fermés à ces évidences. Ils n'ont pas conscience que les êtres humains – parce que ce sont des êtres rationnels – réagissent aux signaux qu'on leur envoie, à l'environnement dans lequel ils se trouvent. Ils considèrent donc que la matière taxable est une donnée immuable et que l'on peut indéfiniment la pressurer sans qu'elle en soit en rien diminuée. Comme la tentation de tous les gouvernements consiste à essayer d'obtenir le maximum de recettes fiscales, ils ont alors tendance à imposer des taux d'imposition presque totalement confiscatoires, sans se rendre compte qu'ils condamnent les citoyens à la stagnation et qu'ils réduisent par là même la croissance possible des recettes fiscales.

L'expérience reaganienne nous montre, sans l'ombre d'un doute, qu'il est non seulement possible, mais souhaitable de diminuer les taux les plus élevés de l'impôt sur le revenu de manière extrêmement rapide et profonde. Cette expérience nous apporte un autre enseignement intéressant : la catégorie des titulaires de revenus les plus élevés a considérablement augmenté sa part dans le montant des impôts payés à l'État américain. Comme l'écrit Philippe Lacoude : « Il n'a jamais été fait d'autre cadeau aux riches Américains que de leur rendre le droit de travailler. Implicitement, ceux-ci ont rempli leur "contrat" en payant plus d'impôts qu'auparavant[10]. »

C'est depuis cette période reaganienne que les États-Unis ont retrouvé la voie d'une prospérité toujours accrue. Comme le soulignait un éditorial du *Wall Street Journal-Europe* le 23 janvier 2006, à l'occasion du vingt-cinquième anniversaire du début de la présidence Reagan : « Le plus grand hommage que l'on puisse rendre au succès des *Reaganomics* est peut-être que, au cours des 276 mois passés, l'économie américaine n'a été en récession que pendant 15 mois. Cela signifie que pendant 94 % du temps, l'économie américaine a créé des emplois (43 millions au total) et de la richesse (30 000 milliards de dollars). Plus de richesse a été créée aux États-Unis au cours du dernier quart de siècle que pendant les 200 années précédentes... Les taux d'impôts aux États-Unis sont en moyenne deux fois moins élevés qu'ils ne l'étaient dans les années 1970 et presque chaque nation a suivi le modèle reaganien de taux d'impôts plus faibles. »

---

10. Dans Philippe Lacoude et Frédéric Sautet, *Action ou taxation*, Paris-Genève, Slatkine, 1996, p. 231.

C'est une histoire semblable que l'on rencontre si l'on examine les baisses d'impôts aux États-Unis sous les présidents Kennedy ou Hoover, ou celles qui ont été pratiquées par Margaret Thatcher au Royaume-Uni dans les années 1980. Chaque fois, on constate que la baisse des taux les plus élevés de l'impôt sur le revenu – mais aussi d'autres impôts – se traduit par une prospérité accrue, une diminution du chômage, une augmentation des recettes fiscales et, le plus souvent, une diminution du déficit budgétaire, contrairement à des préjugés tenaces[11].

Mais peut-être convient-il de laisser ces exemples, pour plusieurs raisons. Tout d'abord, ils sont bien connus ou, tout au moins, ils devraient l'être. En deuxième lieu, tout exemple venant d'un pays anglo-saxon est volontairement ignoré par les Français qui préfèrent, devant l'évidence, se voiler la face et se réfugier dans leurs discours complètement imaginaires sur la supériorité du modèle social français ou, plus généralement, européen. Enfin, évoquer le succès exemplaire des réformes décidées par Ronald Reagan ou Margaret Thatcher est considéré comme une provocation : comment pourrait-on accorder quelque crédit à ce qui a été fait par un « cow-boy inculte » ou par une « dame

---

11. On trouvera le récit détaillé de certains de ces épisodes et de leurs conséquences dans l'ouvrage de Philippe Lacoude et Frédéric Sautet, *op. cit.*

de fer » ? Or ces images d'Épinal n'ont rien à voir avec la réalité. Peu de gens ont fait autant pour leurs concitoyens que ces deux personnages si mal perçus en France et dont on ne veut pas connaître la véritable nature. On ignore, entre autres choses, que la « fille d'épicier » ne doit pas seulement à cette caractéristique d'avoir saisi les ressorts du bon fonctionnement d'une économie libre. Elle avait été nourrie de littérature libérale, en particulier celle qui a été produite et diffusée par l'Institute of Economic Affairs[12]. Quant au « cow-boy inculte », il avait en réalité une formation économique bien supérieure à celle de la presque totalité des hommes politiques français. En effet, alors qu'il était encore un jeune acteur, un vice-président de General Electric, qui détenait des responsabilités importantes dans un *think tank* libéral, lui avait demandé de faire des conférences et des émissions de télévision pour essayer de faire comprendre le fonctionnement d'une économie libre aux citoyens américains. À cette occasion, il avait beaucoup lu et

---

12. L'une des premières choses qui ont été faites par Margaret Thatcher lorsqu'elle est venue au pouvoir a consisté à donner le titre de *Sir* à Antony Fisher, un homme d'affaires qui avait créé cet Institut, et à annoblir le directeur général de cet Institut, Ralph Harris (ainsi devenu Lord Harris of the High Cross). Ce dernier a été ultérieurement l'un des présidents de la Société du Mont Pèlerin. Margaret Thatcher leur a écrit à tous deux pour leur dire que, sans l'effort réalisé par l'Institut pour modifier l'état d'esprit de l'opinion publique, elle n'aurait jamais pu venir au pouvoir.

il disait lui-même qu'il avait six maîtres à penser : les deux Français Frédéric Bastiat et Jean-Baptiste Say, les deux économistes d'origine autrichienne, Ludwig von Mises et Friedrich Hayek, ainsi que Milton Friedman et un ancien professeur de l'Université de Chicago, Frank Knight. Comme cela a été le cas pour Margaret Thatcher ou Mart Laar – que nous évoquons ci-après –, ces lectures lui ont permis de développer et d'intérioriser un instinct très sûr qui l'a aidé à comprendre les problèmes économiques et à saisir rapidement la direction à prendre pour trouver les solutions efficaces. Le lecteur français qui acceptera d'abandonner ses préjugés et de découvrir le vrai Reagan tirera le plus grand bienfait de la lecture de son ouvrage, *Écrits personnels*[13]. Il y trouvera la collection d'innombrables et remarquables petites causeries effectuées par Ronald Reagan à la radio. Écrites par lui, sans aucun concours extérieur, elles montrent parfaitement comment ce grand Président était attentif à une multiplicité de situations spécifiques et aux préoccupations quotidiennes des gens, mais qu'il savait toujours trouver la solution en recourant aux grands principes dont il était nourri[14].

---

13. Publié par les Éditions du Rocher, Paris, 2003.
14. Il est caractéristique que des personnages comme Ronald Reagan ou Margaret Thatcher restent profondément respectés dans leurs pays respectifs.

Ceux des Français qui sont désespérés par l'immobilisme et l'aveuglement de leur classe politique ne peuvent-ils pas reprendre un peu d'espoir en regardant à l'extérieur ces hommes et ces femmes politiques qui ont transformé leur pays à partir d'idées simples, mais vraies, grâce à la profondeur de leurs convictions ? Ils sont la preuve vivante qu'un changement radical et rapide est possible et qu'il conduit au succès. Et ce qui est arrivé dans d'autres pays, parfois de manière inespérée ou inattendue, ne peut-il pas arriver en France ? Certes, c'est peut-être plus difficile en France car les esprits y sont, plus que partout ailleurs, marqués par le marxisme, les idées socialistes et l'illusion égalitariste (qui n'est en fait bien souvent qu'un prétexte pour obtenir quelque privilège ou quelque pouvoir). C'est d'ailleurs bien ce qu'avait compris Friedrich Hayek lorsqu'il disait que, si jamais la France devenait libérale, c'est que le monde entier le serait déjà devenu depuis longtemps[15].

Il n'est pourtant pas si difficile de comprendre pourquoi il faut libéraliser l'économie et comment le faire. Nous l'avons déjà souligné, les réformes doivent être rapides, profondes et coordonnées. De ce point de vue, les hommes politiques français feraient bien de méditer l'extraordinaire exemple

---

15. Mais il m'avait aussi dit : « Vous et vos amis, vous êtes une partie de l'espoir que j'ai dans le monde. »

de l'Estonie et des réformes radicales mises en œuvre par Mart Laar, qui a été Premier ministre de 1992 à 1995 et de 1999 à 2002. Lorsque celui-ci est venu au pouvoir en 1992, cet ancien pays communiste connaissait une inflation de 1 000 %, le PIB était en diminution continuelle, le chômage atteignait 30 %, 95 % de l'économie étaient entre les mains de l'État et 92 % du commerce se faisaient avec la Russie. Devenu Premier ministre à 32 ans, Mart Laar était un historien et il n'avait aucune formation en économie. Mais, comme il le dit lui-même : « Ce fut une chance que je n'aie pas été économiste. J'avais lu seulement un livre d'économie, l'ouvrage de Milton Friedman, *Free to Choose*[16]. J'étais tellement ignorant à cette époque que je pensais que ce qu'écrivait Friedman au sujet des bienfaits de la privatisation, de l'impôt non progressif (*flat tax*) et de l'abolition des droits de douane, était la traduction des réformes économiques qui avaient été mises en pratique en Occident. Cela me semblait relever de l'évidence et, comme je pensais que cela avait déjà été fait partout ailleurs, je l'ai simplement introduit en Estonie, en dépit des avertissements des économistes estoniens selon lesquels cela ne pouvait pas être fait. Ils disaient que cela

---

16. Ce livre a été traduit en français sous le titre, *La Liberté de choix* (Paris, Belfond, 1980). Pourquoi les hommes politiques français ne pourraient-ils pas suivre l'exemple de Mart Laar et lire ce livre ?

était aussi impossible que de marcher sur l'eau. Nous l'avons fait : nous avons tout simplement marché sur l'eau parce que nous ne savions pas que c'était impossible[17]. »

Outre la libéralisation du commerce extérieur et les privatisations, l'une des réformes majeures de Mart Laar a consisté à introduire, en 1994, la « *flat tax* », c'est-à-dire un impôt non progressif avec un taux unique de 26 % pour les revenus personnels et pour l'impôt sur les sociétés, ce qui a conduit à une expansion presque immédiate[18]. Dès 1995, le taux de croissance – qui était encore négatif, avec un taux de – 1,6 % en 1994 – est passé à 4,5 %. Il a ensuite toujours dépassé ce niveau (à part un taux de – 0,1 % en 1999), atteignant même 10,5 % en 1997 et 7,8 % à deux reprises. Cette réussite a été telle que plusieurs pays anciennement communistes l'ont ensuite imité, d'abord ses voisins, la Lituanie et la Lettonie, puis la Russie, la Serbie, l'Ukraine, la Slovaquie, la Géorgie et la Roumanie. Comme le dit Mart Laar : « Bien sûr, ce n'est pas seulement la *flat tax* qui a fait jouer le déclic, mais, c'est certain, elle a beaucoup aidé l'Estonie. Nous l'avons introduite

---

17. Ce récit a été présenté par Mart Laar à la réunion de la Société du Mont Pèlerin en août 2005 à Reykjavik. La citation ci-dessus est tirée du compte rendu qui en est fait par Paul Belien, *The Brussels Journal*, 27 août 2005.
18. Le taux de cet impôt est passé à 24 % le 1er janvier 2005 et il doit normalement baisser d'un point chaque année jusqu'à atteindre 20 % en 2009.

rapidement, parce que nous pensions que c'était une bonne méthode pour combattre le chômage. Nous devions trouver un moyen d'encourager les gens qui avaient perdu leur emploi. Les vieilles usines dinosaures démodées venaient de fermer. Nous ne pouvions pas les laisser fonctionner. Cela signifiait que nous devions encourager les gens à faire quelque chose pour eux-mêmes, ce qui impliquait qu'ils devaient démarrer leur propre affaire. Mais si vous deviez démarrer votre propre affaire avec un niveau de taxation élevé, vous seriez tué. Dans un système de taxation fondé sur la progressivité, ceux qui travaillent plus sont davantage taxés. Cela n'encourage pas les gens à faire quelque chose. Nous devions les réveiller. Cela a marché. Le résultat immédiat a été la création d'un nombre considérable de nouvelles unités de production. Conformément aux pronostics concernant le chômage, environ 30 % des gens devaient perdre leur travail au cours de l'année suivante. En réalité, cependant, nous avons eu un faible taux de chômage, seulement 5 à 6 %, par suite de l'introduction de la *flat tax*, parce que les gens ont créé leur propre affaire[19]. »

Le résultat de toutes ces réformes libérales est clair : le revenu par tête en Estonie est passé de 3 951 dollars en 2001 (alors que le pays était placé

---

19. Interview de Mart Laar par Paul Belien, *op. cit.*

au quatorzième rang dans le classement de l'*Index of Economic Freedom*) à 7 500 dollars en 2004 (l'Estonie étant alors passée au septième rang du classement), soit presque un doublement en trois ans ! N'est-ce pas là la vraie politique sociale et le modèle libéral ne devrait-il pas être adopté par une France dont le fameux « modèle social » ne réussit qu'à enlever à tous l'espoir d'une quelconque amélioration de leur sort et à leur donner l'angoisse du futur ?

Quant à Mart Laar, ayant terminé son travail de Premier ministre, il est redevenu historien et il est en train de terminer sa thèse d'histoire sur les partisans des forêts estoniennes, ceux qui ont « sauvé l'âme de mon pays » et qui ont combattu les Soviétiques de 1944 à 1978 (date à laquelle le dernier d'entre eux a été tué). Les hommes politiques français qui s'accrochent à leurs positions de pouvoir mieux qu'une moule sur un rocher ne pourraient-ils pas également méditer cet exemple de sagesse et de modestie ? Pour sa part, Mart Laar n'hésite pas à déclarer, en évoquant son travail de thèse : « J'essaie maintenant de regagner un peu du temps que j'ai perdu comme historien lorsque j'étais dans la politique. » Mais ce temps « perdu » ne l'a pas été pour tout le monde, en particulier pour les Estoniens et pour tous ceux dont les gouvernements imitent les réformes estoniennes.

De cette histoire simple de l'œuvre accomplie par Mart Laar, il est aussi une autre leçon que pourraient utilement tirer les hommes politiques français. Comme nous l'avons vu, Mart Laar avait lu un seul livre d'économie, mais un bon. Celui-ci lui a fourni les principes qui ont guidé son action. Mais, comme il l'a répondu lors d'une interview[20] où on lui demandait s'il avait tendance à se plonger dans les ouvrages de Friedman ou de Hayek après le travail, pour trouver la solution à ses problèmes : « Non, cela ne m'aurait pas aidé. Le fait est que Friedman ou Hayek vous donnent seulement la théorie de base. Mais vous ne pouvez pas regarder les ouvrages de Friedman et y trouver les réponses à des problèmes économiques spécifiques. Vous devez prendre des décisions fondées sur la situation spécifique dans laquelle vous vous trouvez. Mais il y a, bien sûr, les principes qui vous guident. »

De cette expérience d'un homme d'action qui a admirablement réussi, on peut tirer quelques enseignements fondamentaux, que nous livrons aux hommes politiques français. Ceux-ci se disent pragmatiques et le revendiquent. Ils sont, disent-ils, proches de la pratique et ils rejettent les théories qu'ils considèrent comme utopiques car éloignées de la réalité ; ils se méfient de ce qu'ils appellent les idéologies. Cette opposition, si fréquemment et

---

20. Interview de Michael Tarm, *City Paper*, 1996 (www.balticsww.com).

malheureusement faite, entre la pratique et la théorie, n'est en réalité que le reflet de graves confu-
sions. Toute la dignité de l'être humain vient de ce
qu'il n'y a pas d'action humaine sans pensée préala-
ble[21], et c'est pourquoi il n'y a rien de plus pratique
que la théorie. La différence que nous devons faire
n'est pas entre la pratique et la théorie, mais entre
la bonne théorie et la mauvaise. Mieux vaut lire un
seul bon livre fournissant les principes théoriques
de la pensée et de l'action – comme l'a fait Mart
Laar – qu'accumuler la lecture de milliers de pages
d'articles, de rapports, de discours. Nous sommes,
certes, dans l'ère de l'information, mais qu'on me
permette un conseil, adressé non seulement aux
hommes politiques, mais aux étudiants, à nous
tous : n'essayez pas de tout savoir, essayez d'être
ignorants de tout ce qui ne vous est pas indispensable, sachez choisir les ouvrages et les articles qui
vont transformer ou affermir votre vision du
monde. Ainsi munis de sains principes, vous serez
armés pour la pratique. C'est bien de cette manière
que Mart Laar a fonctionné : il avait compris les
principes de base, ce qui lui a donné l'instinct des
solutions à adopter pour les décisions quotidiennes
de la vie politique. Il était en un sens un pragmatique et il souligne lui-même qu'aucun théoricien ne
peut fournir des réponses toutes faites à des situa-

---

21. *Cf.* le beau traité de Ludwig von Mises, *L'Action humaine, op. cit*.

tions spécifiques ; mais il était en quelque sorte un « pragmatique théoricien » ou un « théoricien pragmatique ». Il rejoint ainsi Frédéric Bastiat qui écrivait en 1848 dans le *Journal des économistes* : « Il n'y a de puissance que dans les principes[22]. » C'est ce constant rappel des principes qui a inspiré Frédéric Bastiat dans les beaux textes qu'il a rédigés à propos de problèmes pratiques, alors qu'il était député des Landes, de 1848 à 1850, et qu'il siégeait – fait notable – sur les bancs de la gauche, car il avait compris que seules des réformes libérales pouvaient améliorer le sort des plus pauvres, contrairement aux pratiques de la droite conservatrice.

À l'opposé de ces exemples récents ou plus anciens, les hommes politiques français – entourés de leurs nuées d'énarques qui les gavent de rapports dans lesquels on prétend calculer à l'unité près le nombre d'emplois créés à partir de quelque disposition réglementaire fumeuse – ne sont pour leur part que des pragmatiques sans principes, c'est-à-dire des producteurs d'idées fausses et, surtout, des décideurs nuisibles. On s'étonnera ensuite que leurs décisions aient abouti à des « effets pervers ». Mais ces effets ne sont pas le résultat inattendu de bonnes décisions, ils sont le résultat inéluctable de

---

22. Frédéric Bastiat, « Propriété et Loi », *Journal des économistes*, 15 mai 1848 ; reproduit dans les *Œuvres complètes de Frédéric Bastiat*, Paris, Guillaumin et Cie, tome quatrième, *Pamphlets économiques*, 1863, p. 294.

décisions fondées sur un pragmatisme sans principes. Symétriquement, c'est à tort que l'on parle de
miracle estonien ou de miracle irlandais. Ces mira-
cles ne sont que la conséquence prévisible de réformes libérales.

CHAPITRE V

QUEL ESPOIR
POUR LES FRANÇAIS ?

Jusqu'à présent, malheureusement, les Français n'ont pas encore eu l'immense chance d'avoir un Reagan, une Thatcher ou un Mart Laar[1]. Ils ont eu Mitterrand, Jospin, Juppé, Raffarin, Villepin et... Chirac, c'est-à-dire des hommes qui partagent à peu près tous les mêmes conceptions, en particulier en ce qui concerne le fonctionnement des processus économiques. Leur vision est foncièrement erronée. C'est pourquoi les Français ne sortiront pas du marasme dans lequel ils se trouvent si on se contente de leur proposer une liste de ces innombrables mesurettes qui fleurissent spontanément

---

1. La première fois que j'ai eu la chance de rencontrer l'un des plus grands « hommes politiques » du XXᵉ siècle, Margaret Thatcher, celle-ci m'a dit : « Vous êtes français ! Vous avez besoin de quelqu'un comme moi en France ! » Elle avait bien raison.

dans le cerveau imaginatif des bureaucrates et des politiciens. Il faut aller plus loin, mieux comprendre les racines du mal et se laisser guider par la raison afin de connaître clairement non pas le détail du chemin à parcourir, mais les grands principes qui doivent guider l'action. De ce point de vue, on doit en particulier être obsédé par une idée : au lieu de manipuler désespérément des instruments illusoires de politique macroéconomique, d'accorder quelque privilège ou d'inventer une nouvelle réglementation, il faut réintroduire à tous les niveaux la discipline de la *responsabilité individuelle*. C'est elle et elle seule qui permettra de supprimer le chômage et de retrouver le chemin d'une prospérité durable.

Si les politiques économiques menées en France depuis des décennies ont échoué, c'est tout simplement parce qu'au lieu de s'attacher à ces fondements que sont la liberté individuelle, la propriété et la responsabilité, elles ont été inspirées par une mécanique des quantités globales parfaitement arbitraire et en fait inconciliable avec la réalité concrète des comportements humains. Bien entendu, la théorie keynésienne a joué un rôle destructeur important et elle a renforcé la domination des idées fausses que l'imprégnation marxisante avait déjà rendue possible. Elle a par ailleurs apporté des alibis rêvés aux concepteurs de politiques économiques irresponsables en leur faisant croire qu'ils pouvaient à leur guise conduire une société comme on conduit une machine. C'est pourquoi les Français n'ont rien gagné à une quelconque alternance politique ; c'est pourquoi ils sont régulièrement déçus quand ils comparent les résultats aux promesses électorales. Il en sera ainsi aussi longtemps qu'une véritable *révolution intellectuelle* ne se sera pas produite. Aux anciennes habitudes de pensée, il faut substituer des réflexes radicalement différents : au lieu de penser en termes de politique macroéconomique, de partage du travail, de traitement social du chômage, de relance par la consommation ou par l'exportation, il faut constamment s'interroger sur les motivations humaines et sur les capacités créatrices des hommes, il faut utiliser ces clefs précieuses de la connaissance et de l'action que sont la propriété et la responsabilité. Il faut se demander à propos de tout problème économique s'il n'est pas provoqué par la destruction de la discipline de la responsabilité, il faut rechercher les moyens de la réintroduire.

Il est assez étonnant de constater que nous sommes tous capables, à titre individuel, de distinguer une action libre d'une action forcée. Mais cette distinction fondamentale est totalement évacuée de la réflexion économique dominante à notre époque. Lorsque, par exemple, un « expert » recommande d'augmenter un impôt pour réduire le déficit public et peser sur les taux d'intérêt, il ne se préoccupe absolument pas de savoir si cette augmentation d'impôts est légitime et dans quelle mesure elle va affecter le comportement des contribuables. Pourtant, un impôt est toujours imposé, c'est-à-dire qu'il est prélevé par la contrainte. Il consiste à prélever des ressources sur des personnes responsables qui les ont créées afin de les remettre à d'autres personnes qui ne les ont pas créées, en passant par l'intermédiaire de personnes irresponsables car non-propriétaires. Alors que l'échange – c'est-à-dire le transfert libre de ressources – est toujours producteur de valeur pour tous les partenaires concernés, on peut être absolument certain que le transfert forcé représente certes un gain pour le bénéficiaire et probablement pour l'intermédiaire (fonctionnaire ou homme politique qui renforce ainsi son pouvoir et ses gains), mais qu'il constitue une perte pour le contribuable, c'est-à-dire pour le seul de cette chaîne d'individus qui ait fait un effort productif ! Cette seule considération devrait indéfiniment pousser à la recherche de l'impôt minimal. Mais il faut croire que le contribuable, devenu esclave, a fini par oublier la liberté et, sensible à une sorte de « syndrome de Stockholm », arrive à faire cause commune avec ses spoliateurs, tandis que le bénéficiaire du transfert a perdu tout sens moral au point d'admettre sans discussion qu'il est juste d'obtenir des ressources sans effort personnel grâce à l'exercice de la contrainte légale et que, pour sa part, l'intermédiaire étatique dispose des

208

biens d'autrui comme s'ils étaient siens. Il n'est donc pas excessif de dire que la dimension inouïe du prélèvement fiscal à notre époque est une manifestation criante de la destruction de l'éthique sociale – c'est-à-dire de la méconnaissance des droits individuels et de l'effritement de la responsabilité – et que la décrue fiscale – consistant à laisser une partie aussi grande que possible des ressources à leurs propriétaires légitimes – a une dimension humaine fantastique. Au même titre que la destruction des réglementations qui interfèrent avec les décisions individuelles, la réforme fiscale a un nom : elle constitue le *retour à la liberté contractuelle.*

ÉVITER LA DESTRUCTION
DE LA RESPONSABILITÉ
PAR LA FISCALITÉ

Les prélèvements obligatoires – qu'il s'agisse d'impôts ou de cotisations sociales – étant les instruments de l'action étatique, ils méritent qu'on s'y attarde quelque peu. Le système de prélèvements obligatoires que nous connaissons introduit trois discriminations majeures qui toutes conduisent à l'irresponsabilité, de telle sorte que l'on peut dire que le collectivisme ancré dans la société française est la véritable source des problèmes économiques actuels, en particulier du chômage. On peut voir

209

un parallèle exact à cette situation dans les pays communistes, où il existait un haut niveau de chômage déguisé, chacun s'efforçant de vivre aux dépens des autres sans avoir à faire des efforts en proportion de ce qu'il obtenait.

Le système moderne de prélèvements obligatoires a tout d'abord pour effet de punir le fait de choisir le futur par rapport au présent. Il ralentit donc l'accumulation de capital, c'est-à-dire l'investissement, et donc la croissance. Prenons l'exemple de l'impôt sur le revenu. Celui qui obtient un revenu du fait de son activité productive sur le marché est taxé par l'impôt sur le revenu. Ce qui lui reste peut être consommé ou épargné. S'il décide de consommer, la matière fiscale disparaît par là même définitivement. S'il épargne, les rendements futurs de l'épargne risquent d'être taxés à nouveau par l'impôt sur le revenu (et par les autres prélèvements fiscaux et « sociaux »). Cela se traduit donc naturellement par une moindre incitation à accumuler du capital, ce qui réduit d'autant l'augmentation de la productivité du travail et donc le salaire réel, de même d'ailleurs que la possibilité de financer les dépenses de santé ou d'éducation. On peut aussi souligner que cet impôt diminue l'incitation à améliorer le capital humain puisque la rentabilité future (après impôt) de toute action de formation, d'acquisition de connaissances ou de prise de risque en est diminuée d'autant. Or ce qui est vrai de l'impôt sur le revenu l'est de presque tous les impôts et cotisations sociales, de telle sorte que *le système de prélèvements obligatoires est une formidable machine à tuer la croissance.*

D'après les idées à la mode, le chômage proviendrait en particulier du fait que le travail serait surtaxé, de telle sorte qu'on remplacerait des travailleurs par des machines. Cette idée est radicalement fausse, d'une part parce que le travail n'est pas surtaxé par rapport au capital[2] et, d'autre part, parce que, pour qu'il y ait accumulation de capital, il faut bien qu'il y ait des individus pour épargner. Or le système de prélèvements obligatoires les incite à consommer plutôt qu'à épargner, c'est-à-dire à accumuler du capital.

L'accumulation de capital est par ailleurs également freinée par l'existence d'un système de retraite par répartition, puisque l'on peut ainsi financer ses besoins à l'âge de la retraite non pas par ses efforts d'épargne antérieurs, mais en prélevant par la force sur les personnes actives du moment. À l'inverse, un système de retraite par capitalisation inciterait les individus à épargner plus pour disposer de ressources plus importantes lorsque le moment de la retraite sera arrivé.

---

2. Mais il est évidemment surtaxé – comme l'est évidemment le capital – par rapport à ce qui serait juste et donc efficace.

La seconde discrimination importante qu'introduit le système de prélèvements obligatoires est celle qui est créée entre les activités d'échange et les activités autarciques. En effet, pour des raisons de commodité administrative, les prélèvements ne frappent pratiquement que les revenus nés de l'échange, ceux qui passent par le marché et ont donc une valeur marchande. De ce point de vue, à taux égal, des cotisations sociales, une TVA ou un impôt sur le revenu sont absolument équivalents : ils frappent la création de richesses par l'échange. Ainsi, en ce qui concerne l'emploi, quelle que soit l'assiette fiscale du point de vue administratif, ce qui est finalement puni par le système de prélèvements obligatoires, c'est l'acte d'échange entre un salaire et des services de travail. On peut dire, par exemple, que les cotisations sociales ne sont pas seulement un prélèvement sur les salaires, mais aussi un impôt sur l'activité entrepreneuriale. Or il n'y a pas d'emplois sans employeurs.

Si l'échange libre est créateur de richesses, il y a *a contrario* du fait des prélèvements obligatoires, un phénomène de « déspécialisation » qui freine le développement économique : les individus sont incités à satisfaire leurs propres besoins par eux-mêmes plutôt que d'avoir recours à l'échange. Mais il serait bien préférable, par exemple, de permettre à ceux qui le désireraient d'augmenter la durée de leur travail, c'est-à-dire de leurs échanges de services de travail contre rémunération, sans qu'ils en soient pénalisés par des prélèvements proportionnels au revenu ou *a fortiori* progressifs. Ils pourraient ainsi acheter sur le marché les services spécialisés produits par les autres de manière plus efficace que par eux-mêmes.

Enfin, le système de prélèvements obligatoires introduit une discrimination contre le travail le plus qualifié et le plus créateur de valeur. En effet, l'effort marginal – c'est-à-dire celui qui est le plus difficile à faire – est découragé par ce système, en particulier par la progressivité de l'impôt sur le revenu. Le niveau exceptionnellement élevé des taux de prélèvements marginaux – qui peuvent atteindre 80 à 90 % des revenus – constitue une exceptionnelle punition pour tous ceux qui ont le tort de travailler beaucoup, d'innover ou d'épargner et donc de procurer des emplois à autrui. La France s'est ainsi transformée – grâce à une fiscalité censée assurer l'égalité des chances – non pas en un peuple d'entrepreneurs, mais en un peuple de salariés qui trouvent d'autant moins d'emplois qu'il y a moins d'entrepreneurs.

Or, contrairement à une idéologie répandue, les membres d'une société sont interdépendants et solidaires. Ainsi le salaire réel des travailleurs peu qualifiés sera d'autant plus élevé que leur travail sera associé à une plus grande quantité de capital, à un plus grand nombre de travailleurs qualifiés ou à de meilleurs entrepreneurs-innovateurs. C'est pourquoi on ne peut pas transférer des ressources des uns vers les autres sans modifier l'ensemble du système des incitations et sans obtenir ce qu'on appelle parfois des « effets pervers », qui ne sont en fait que la conséquence logique et prévisible de décisions parcellaires et démagogiques.

La situation fiscale actuelle pousse par ailleurs à l'émigration des plus productifs et des plus innovateurs et elle freine l'immigration des plus productifs, ce qui réduit d'autant les possibilités de croissance et la création d'emplois rentables. Il est indispensable de garder à l'esprit ces conséquences importantes du système fiscal français pour comprendre la portée de la réforme fiscale nécessaire dont nous esquissons les grands traits ultérieurement.

RENONCER À LA COLLECTIVISATION DE LA SOCIÉTÉ, CAUSE VÉRITABLE DU CHÔMAGE

Une part croissante du bien-être de chacun est ainsi devenue indépendante des efforts personnels de travail et d'épargne. Il en résulte une modification profonde du prix relatif entre le travail et le non-travail, d'où provient le cercle vicieux suivant : un nombre croissant de gens vit du travail d'un nombre décroissant de gens, grâce aux prestations sociales, aux allocations chômage, aux allocations diverses, éventuellement accrues de la rémunération du travail au noir. Le gain que l'on obtient en entrant sur le marché du travail est donc proche de zéro, parfois même négatif. C'est particulièrement vrai pour les travailleurs peu qualifiés.

Le nombre d'emplois potentiels est en fait illimité. Mais le système fiscal incite à ne pas travailler ou à ne pas embaucher. C'est le résultat d'une situation *où les coûts de l'effort sont individualisés, mais où les gains sont collectivisés de manière croissante.* L'objectif de chacun est donc de minimiser ses propres efforts et de maximiser ce qu'il obtient par transfert.

Il est important de voir en effet que ce n'est pas seulement le coût global du travail qui importe, mais sa structure. Ainsi, la substitution d'un salaire indirect – c'est-à-dire celui qui est collectivisé par l'impôt et les cotisations sociales – à un salaire direct est une cause de chômage, car elle modifie les incitations productives des salariés et de leurs employeurs. À la limite, si le salaire indirect constituait l'intégralité du coût du travail, plus personne ne serait incité à travailler : ce qu'il obtiendrait serait totalement indépendant de ses propres efforts. Ce serait la mise en pratique de la grande utopie marxiste dont il faut reconnaître qu'elle est déjà largement appliquée dans un pays comme la France. On a découvert avec surprise, au cours des années récentes, le total écroulement du système soviétique, pourtant facilement imaginable, puisque le système était presque complètement destructeur de la responsabilité et donc des incitations productives. Mais il faudrait maintenant réaliser que la France se trouve exactement sur le même chemin : l'effort productif est peu récompensé et il est d'ailleurs d'autant moins récompensé qu'il est plus productif, la collectivisation des ressources créées par les efforts individuels a progressé de manière continuelle et l'habillage statistique du chômage – qui consiste à appeler stagiaires ou préretraités ceux qui sont en réalité des chômeurs – est exactement le parallèle de la technique des sureffectifs qui permettait de masquer le chômage en Union soviétique, comme dans tant d'autres pays centralisés.

Pour expliquer le chômage, il suffit en fait d'utiliser une théorie économique générale et robuste, la théorie des prix. Étant donné qu'elle a permis de comprendre *tous* les phénomènes économiques, il n'est pas possible qu'elle ne s'applique pas également aux problèmes de l'emploi. En fait, la théorie économique ne fait que rationaliser ce qui résulte de l'expérience concrète des individus : s'il reste, par exemple, des invendus sur le marché des tomates, c'est parce que les prétentions de prix des offreurs et des demandeurs de tomates ne sont pas compatibles. Pour le prix du moment, la demande est « insuffisante » et l'offre est « excessive ».

La baisse du prix des tomates permettra d'écouler les « surplus ».

Il en va évidemment de même pour l'emploi. Si, pour l'ensemble du marché de l'emploi ou pour certaines catégories spécifiques de travailleurs, des individus qui souhaiteraient travailler ne trouvent pas de travail, *pour les conditions de travail existantes* (salaires et charges sociales), c'est que ces conditions sont trop coûteuses pour les employeurs potentiels, compte tenu de la productivité du travail. Qui pourra en effet expliquer par quel miracle un entrepreneur pourrait indéfiniment payer, en salaires et charges sociales, un montant supérieur à ce que le travail du salarié lui rapporte ? De manière similaire, par ses réglementations l'État exclut du marché du travail un nombre important de jeunes, dont la productivité initiale est nécessairement faible, en imposant à leurs employeurs un salaire minimum et en faisant payer des charges sociales très supérieures à ce que coûte réellement leur « couverture sociale ». L'État favorise donc ceux qui trouvent un emploi par rapport à ceux qui n'en trouvent pas et qui ratent par conséquent leur insertion dans la vie professionnelle.

Pourquoi faut-il rappeler ce qui devrait constituer une évidence ? On ne peut augmenter le salaire, direct et indirect, que dans la mesure où la productivité du travail augmente et celle-ci n'augmente que dans la mesure où l'on investit et où la formation des hommes s'améliore. Mais le système fiscal français est conçu de manière à pénaliser l'effort d'épargne, l'effort de travail, l'effort d'innovation. Sans une réforme profonde et rapide de ce système – en particulier une diminution considérable de la progressivité de l'impôt sur le revenu et des impôts qui frappent l'accumulation de capital –, il est vain d'espérer une augmentation rapide des revenus. On sera donc confronté aux choix actuels : maintenir les prétendus « acquis sociaux » au prix d'un chômage élevé, ou diminuer le chômage en permettant aux marchés d'ajuster les offres et les demandes de travail. Ce sont les individus qui créent les richesses, l'État ne fait que les déplacer, au gré des majorités électorales, favorisant les uns aux dépens des autres et détruisant au passage les mécanismes subtils qui permettent aux hommes d'accorder leurs désirs et de faire croître leurs richesses : c'est ainsi que *la « politique sociale » détruit les emplois*.

Si les entrepreneurs sont découragés d'embaucher davantage par le coût excessif du travail, de leur côté les salariés sont incités à moins travailler, puisque en étant chômeurs ils peuvent bénéficier d'allocations chômage et obtenir des ressources supplémentaires en travaillant au noir. Il existe donc de plus en plus, dans la société française, deux mondes : l'un qui travaille et qui est spolié d'une grande partie de ses efforts par une fiscalité écrasante et des contraintes paralysantes, l'autre qui vit de transferts et qui ne voit de l'État que la main prétendue généreuse.

Le chômage, en particulier en France, s'explique par le fait que les prélèvements obligatoires et les réglementations ont détruit les incitations à travailler et les incitations à embaucher ; il est vain d'en chercher d'autres causes. Ainsi, il est faux de dire que l'immigration est par elle-même une cause de chômage, comme s'il existait dans un pays un nombre limité d'emplois et que les « étrangers » prenaient le travail des nationaux. Si l'immigré reçoit un salaire global qui n'est pas supérieur à sa productivité, il crée au moins autant de richesses qu'il en reçoit et il ne prend rien à personne : il crée son propre emploi. Mais la fameuse « politique sociale » conduit à donner à beaucoup d'immigrés une rémunération globale supérieure à leur productivité. C'est elle qu'il convient d'incriminer et non l'immigration.

La plupart des recettes qui sont proposées chaque jour aux citoyens partent aussi de cette idée fausse qu'il y aurait un nombre d'emplois limité à partager. Ainsi en est-il du fameux « partage du travail » – par exemple sous forme d'une réduction de la durée du travail, comme cela a été pratiqué avec la loi des 35 heures – qui n'est rien d'autre qu'un partage du chômage et qui ne peut avoir d'autre conséquence que d'aggraver ce dernier. Il est en effet tout à fait clair que le partage du travail ne modifie en rien le mauvais fonctionnement du système d'incitations : *la réduction du temps de travail, n'agissant pas sur les causes du chômage, ne peut absolument pas aider à le réduire.* Bien au contraire, elle ne peut que l'accroître en accentuant les défauts du système existant.

Quel est en effet le calcul d'un entrepreneur lorsqu'il envisage d'embaucher un travailleur ? Il prend cette décision à partir d'une prévision concernant l'espérance de gain (et le risque correspondant) qui résulte de cette embauche. Il doit, pour faire son calcul, tenir compte du fait qu'il existe des coûts d'embauche, par exemple des coûts pour rechercher et évaluer les candidats à un poste, mais aussi et peut-être surtout des coûts de qualification, car le travailleur nouvellement embauché a probablement une productivité faible au début, puis celle-ci augmente peu à peu du fait d'une meilleure connaissance de son travail et de son entreprise. L'embauche est risquée car on ne connaît pas parfaitement les capacités à se qualifier du salarié et la durée de sa présence future dans l'entreprise. Ces coûts étant fixes, si l'on diminue la durée du travail, le coût unitaire d'une heure de travail augmente donc pour l'entrepreneur.

Le partage du temps de travail néglige l'existence de ces coûts. Mais il suppose aussi – comme nous l'avons déjà souligné – que les hommes sont interchangeables : en partageant le travail entre chômeurs et non-chômeurs, on ne changerait pas le nombre total d'heures de travail – donc le niveau véritable du chômage –, mais ces heures de travail seraient effectuées par des personnes plus nombreuses. Or les hommes ne sont pas interchangeables. Et ils le sont particulièrement peu dans une économie évoluée où la production requiert de la matière grise et une formation spécifique (souvent acquise dans l'entreprise). En fait, l'idée d'une substituabilité presque parfaite entre travailleurs n'est pas recevable même pour cette catégorie de gens qu'on appelle les travailleurs peu qualifiés ou non qualifiés. Il existe certes un certain nombre de gens qui n'ont pas dépassé une certaine formation scolaire ou universitaire de départ. Mais la qualification, ce n'est pas cela. C'est l'adaptation concrète à un travail concret. Un individu peu formé au départ peut devenir très qualifié dans l'entreprise où il se trouve, s'il s'est adapté à son environnement humain, s'il a acquis des compétences techniques spécifiques, etc. Tout cela est le produit d'un investissement en capital humain qui demande du temps et qui est réalisé par le travailleur et par l'entreprise. Partager le temps de travail implique donc nécessairement de remplacer certains travailleurs qualifiés par des travailleurs moins qualifiés.

Compte tenu de l'accroissement du coût horaire du travail entraîné par la réduction du temps de travail, il n'est pas possible de maintenir le nombre d'heures de travail *total*. Or si les richesses créées chaque année en France diminuent par suite de la réduction du temps de travail, cela signifie qu'il y a moins de production pour payer une protection sociale équivalente, donc nécessairement une diminution du salaire direct par heure (tout au moins par comparaison à ce qu'il aurait été en l'absence de la réduction autoritaire de la durée du travail). La destruction des incitations productives, cause majeure du chômage, en est renforcée : le gain supplémentaire obtenu en entrant sur le marché du travail est en effet encore plus faible et incite donc moins à travailler. Ainsi, comme on pouvait s'y attendre, le passage aux 35 heures n'a pas diminué le nombre de personnes au chômage, mais étant donné que chacun de ceux qui ont un emploi travaille moins, cela signifie qu'il y a eu une diminution du nombre d'heures de travail effectuées en France. Il y a donc moins de richesses créées, moins de richesses à répartir, moins de croissance du pouvoir d'achat, moins de marge de financement pour ce qu'on appelle les « dépenses sociales »…

De manière générale, outre les excès de fiscalité déjà soulignés, c'est la disparition de la liberté contractuelle sur le marché du travail qui explique ses dysfonctionnements et l'importance du chômage. Ainsi en est-il de la réglementation du travail. Toutes les mesures qui visent à rendre difficiles les licenciements sont peut-être inspirées par le désir de protéger les salariés contre les risques de chômage. Mais elles créent des effets pervers, c'est-à-dire qu'elles se retournent en fait contre ceux qu'elles prétendent protéger. En effet, le chômage vient non pas de ce que l'on supprime des emplois ou de ce que l'on licencie des salariés. Il vient de ce qu'on ne crée pas suffisamment d'emplois parce que les incitations à embaucher ont été largement détruites. Dans une société parfaitement stationnaire, la destruction d'emplois est nulle, mais la création d'emplois l'est également. Le niveau de chômage y est probablement insignifiant, mais cela ne correspond pas nécessairement à une situation souhaitable. Dans une économie dynamique, il y a constamment destruction d'emplois et création de nouveaux emplois, l'une étant la condition de l'autre. Bien évidemment, dans une société où les rigidités réglementaires et l'importance des prélèvements obligatoires n'incitent pas à créer des emplois, ce n'est pas en bloquant le processus de destruction d'emplois que l'on résoudra le problème du chômage. On n'obtiendra que des « effets pervers » parce que les employeurs seront d'autant moins incités à embaucher des salariés qu'ils penseront avoir plus tard plus de difficultés à les licencier. Pour prendre un exemple peut-être un peu ancien, mais significatif, « chaque mois, environ 0,37 % de la population au travail perd son emploi (en France), alors que ce chiffre est de 1,73 % aux États-Unis... Mais au cours d'un mois, 37,6 % de la population au chômage trouve un emploi aux États-Unis, alors que ce chiffre n'est que de 3 % en France[3] ». Le chômage ne vient pas de ce que certains perdent leur emploi, mais de ce qu'ils ont du mal à en trouver un autre et qu'il y a peu de créations d'emplois. Le Droit du travail, en rendant les licenciements difficiles, ne résout donc pas le problème du chômage, mais l'aggrave au contraire. C'est pourquoi il n'y aurait pas de politique plus « sociale » que celle qui consisterait à supprimer toutes ces dispositions légales.

En outre, cette réglementation prétendument protectrice des salariés conduit à détériorer la qualité des relations humaines à l'intérieur de l'entreprise. La productivité de l'entreprise s'en ressent, mais également l'épanouissement de tous, qu'ils soient salariés ou employeurs.

Le problème du chômage n'est pas un problème quantitatif, c'est un problème de prix et d'incitations. Il faut savoir ce que l'on veut : on ne peut pas avoir un salaire minimum et pas de chômage, des allocations de chômage généreuses et pas de chômage, un système de répartition de grande ampleur et pas de chômage. Les choix sont

---

3. Florin Aftalion, « Because of static economic thought », *The Wall Street Journal-Europe*, 28 août 1996.

donc clairs : acceptons de modifier profondément le système social et le système fiscal ou cessons définitivement de parler du chômage.

ABANDONNER LE MYTHE
DE LA CORRECTION DES ABUS

L'une des justifications habituelles de la politique économique et sociale consiste à dire qu'elle vise à éviter les « abus ». Or on ne doit pas préjuger de l'extérieur de la situation d'une personne, et *a fortiori* de la position des membres d'une catégorie. C'est pourtant ce que l'on fait lorsque l'on veut déterminer les ressources auxquelles une personne « a droit » en fonction de ses mérites supposés et non de ses efforts productifs. Il en est ainsi, par exemple, lorsqu'on dit qu'il est légitime d'accorder la retraite plus tôt à certaines personnes parce que leur métier est particulièrement dur. Ne l'ont-elles pas choisi librement, alors qu'elles auraient pu en choisir un autre ? La « société » les a-t-elle forcées à l'adopter ? Elles ont en fait choisi ce métier en connaissance de cause en tenant compte de toutes sortes d'éléments, la pénibilité du travail, sa rémunération, leurs propres compétences, leur refus de s'exiler ou de se former, mais aussi l'âge de la retraite. Modifier ce dernier *a posteriori,* c'est donner aux membres de certaines catégories un gain net

225

aux dépens des autres. Ce gain n'est pas légitime puisqu'il ne correspond pas aux vœux des partenaires, mais résulte seulement de la contrainte.

Il en est de même lorsqu'on prétend que les salariés ont besoin d'une protection spécifique car ils seraient dans une situation asymétrique par rapport aux capitalistes. Ils sont certes dans une situation différente, mais cela n'implique pas qu'ils sont dans une situation de dépendance unilatérale et qu'ils peuvent être victimes d'abus de la part des employeurs. Il y a en fait interdépendance entre salariés et employeurs et à bien des points de vue l'employeur subit une position désavantageuse – et c'est bien pourquoi la majorité des gens préfèrent être salariés qu'entrepreneurs – puisqu'il est en quelque sorte « piégé » dans son entreprise, alors qu'un salarié peut facilement quitter une entreprise en emmenant avec lui son « capital humain ».

Protéger les salariés contre les abus des entrepreneurs, c'est supposer que les entrepreneurs peuvent exploiter les salariés. S'il en était ainsi, tout le monde devrait essayer d'être entrepreneur. S'il n'en est pas ainsi, c'est nécessairement parce que cette exploitation – loin d'être une réalité – est une illusion idéologique. Mais, de manière générale, *il ne peut pas y avoir d'abus dans une société libre, à partir du moment où les droits sont définis et défendus*. Un abus ne peut en effet se définir que par rapport à une norme. Or cette norme est inexistante, tout au moins en dehors des arrangements contractuels.

Mais, à partir du moment où l'on définit un comportement comme étant caractéristique d'un « abus », on cherche à le corriger. En prétendant corriger quelque chose qui ne doit pas l'être, on introduit nécessairement des déséquilibres dans une société. C'est ainsi qu'on réglemente le marché du travail pour empêcher la prétendue exploitation des travailleurs par les entrepreneurs. On impose donc des normes de salaires sous forme de salaire minimum ou d'augmentations de salaires obligatoires. Mais ces décisions sont arbitraires, puisqu'on ne connaît pas la norme par rapport à laquelle on peut parler de « salaire insuffisant ». Ou bien on réglementera la durée du travail, les conditions de licenciement, etc. Dans tous les cas on détruira l'incitation des employeurs à embaucher. Du chômage naîtra donc. Certains individus seront empêchés d'accéder au marché du travail, d'autres devront accepter des conditions de travail moins satisfaisantes que cela ne serait le cas en l'absence de ces mesures contraignantes. C'est dire que le coût réel des contraintes étatiques n'est pas seulement supporté par les « exploiteurs » – les entrepreneurs – mais qu'il retombe nécessairement en partie sur les salariés. D'exploités imaginaires des patrons, ils deviennent donc des exploités bien réels des hommes de l'État. La position des salariés apparaissant alors comme

227

plus fragile, leur pouvoir de négociation étant affaibli, le sentiment selon lequel le salarié est dominé se renforce. Le cercle vicieux précarité-contrainte légale-destruction des incitations-précarité s'installe donc. Ainsi, en partant d'une fausse appréciation de la réalité on crée cette réalité que l'on prétendait combattre : en présentant les salariés comme des exploités *par nature* on crée des exploités *de circonstance*. Mais l'exploiteur n'est pas celui qu'on croit. L'exploiteur, c'est le politicien qui a nourri sa carrière de l'illusion de la spoliation des salariés par les patrons. C'est le bureaucrate dont les décisions irresponsables s'immiscent dans les procédures créatrices de l'échange contractuel et les détruisent. Au vrai dialogue humain entre deux personnes libres – l'employeur et le salarié – se substitue un prétendu dialogue social entre personnes irresponsables qui tiennent les autres en otage. C'est pourquoi il convient de renoncer à toutes les rigidités introduites par le Droit du travail et revenir à la liberté contractuelle.

SUPPRIMER LES AVANTAGES ACQUIS

Il semble que les Français soient devenus majoritairement hostiles aux 35 heures et ils ont donc probablement accueilli avec intérêt les efforts faits en 2003 par quelques membres de la majorité pour essayer de revenir sur les désastreuses lois Aubry. Mais, comme nous l'avons déjà souligné, le gouvernement et les dirigeants de l'UMP ont préféré enterrer tout espoir de ce type et ont préconisé une démarche plus prudente et plus consensuelle. Le président de l'Assemblée nationale, Jean-Louis Debré, avait, quant à lui, même été jusqu'à affirmer qu'on ne pouvait pas revenir sur un « avantage acquis » ! Mais cette déférence à l'égard de cette religion, bien française, des « avantages acquis » est particulièrement inquiétante. En effet, la gauche n'hésite jamais, lorsqu'elle est au pouvoir, à remettre en cause tous les éléments du système social français : elle nationalise sans se préoccuper des « avantages acquis » des propriétaires, elle augmente les impôts sans se préoccuper des « avantages acquis » des contribuables, elle limite la liberté contractuelle des employeurs ou des bailleurs sans se préoccuper de leurs « avantages acquis » respectifs, etc. À l'inverse, lorsque la droite retrouve le pouvoir, elle n'ose jamais remettre en cause les « avantages acquis » attribués par ses prédécesseurs socialistes et elle préfère se contenter, au mieux, de quelques aménagements. Il en résulte inévitablement une marche continue vers le socialisme qui est à l'origine de tous les malaises, de tous les blocages et de tous les conflits de notre société. Cette dernière est ainsi devenue l'otage d'un État qui, selon l'expression du grand économiste libéral français Frédéric Bastiat, constitue « la grande fiction à travers laquelle tout le monde s'efforce de vivre aux dépens de tout le monde[4] ». Chacun, en effet, se préoccupe désormais plus d'obtenir ce qui deviendra des « avantages acquis » que de travailler, innover et produire davantage.

Au nom de quel principe ne devrait-on pas revenir sur un « avantage acquis » ? On pourrait certes y voir le louable souci de respecter la parole donnée et donc de ne pas revenir sur des promesses faites antérieurement. Mais il est malheureusement fort probable que la prudence réformiste est plutôt dictée par la crainte des réactions, certes parfois violentes, d'une partie de ceux que l'on appelle, par un doux euphémisme, les « partenaires sociaux ». Ainsi s'est créée peu à peu l'idée réflexe selon laquelle le maintien des avantages acquis relevait d'une sorte de devoir moral consistant à ne pas reprendre à autrui des droits qu'ils auraient obtenus collectivement pour l'éternité.

Pour essayer d'évaluer la validité de cette idée, sans doute faudrait-il d'abord exprimer quelques réserves à l'égard de l'expression « avantages acquis ». En effet, personne n'a jamais acquis – c'est-à-dire acheté – les droits en question ! Ils ont, en réalité, été accordés par une majorité politique de passage

---

4. *Journal des Débats*, 25 septembre 1848 ; reproduit dans Bastiat, *Œuvres*, tome 4, *Pamphlets*, Paris, Guillaumin, 1863, p. 332.

ou même, éventuellement, arrachés au pouvoir politique au terme de manifestations, de grèves et autres actions collectives. Il y a, de ce point de vue, une différence fondamentale entre ces pseudo-droits et de vrais droits de propriété sur des biens qui ont été véritablement *acquis* au moyen d'un échange libre et volontaire : ainsi, celui qui a acheté un appartement en le payant par le fruit de son travail est bien devenu le titulaire de droits acquis qu'il serait immoral de lui ôter (ce qu'au demeurant l'État ne se prive pas de faire en prélevant de multiples impôts et en restreignant l'exercice de ces droits par la réglementation).

Mais il faut surtout rappeler qu'il n'y a pas d'avantages acquis sans qu'il y ait, nécessairement, des « inconvénients acquis » ou des « charges acquises » pour les autres, c'est-à-dire ceux à qui on impose les réglementations ou les impôts correspondants. En refusant de remettre en cause les « avantages acquis » de certains, on se refuse simultanément à remettre en cause les « inconvénients acquis » (qu'on pourrait plutôt appeler des « inconvénients imposés »). Or au nom de quoi devrait-on refuser cette remise en cause ?

Cette remise en cause est justifiée même lorsque les droits résultent non pas de privilèges accordés par l'État de manière discrétionnaire, mais de la signature libre et volontaire d'un contrat. Elle devrait donc *a fortiori* être justifiée dans le cas des

231

« avantages acquis ». Ainsi, un salarié est titulaire de droits acquis – en particulier le droit à un salaire pour son travail – par suite du contrat qu'il a signé librement avec son employeur. Mais s'il s'avère que le contrat n'est pas réalisable conformément aux modalités qui avaient été prévues, par exemple à cause de charges trop lourdes qui risquent de conduire l'employeur à la faillite, la renégociation de ce contrat est, heureusement, possible. Ainsi, il existe de nombreux exemples (aux États-Unis plus qu'en France) de salariés qui ont accepté des baisses de salaires provisoires pour éviter la faillite. Et si d'aventure la faillite devient inévitable, il faut bien admettre qu'elle constitue alors un processus d'ajustement des avantages et droits acquis, puisqu'elle fait disparaître le contrat. Tout cela veut bien dire qu'on ne peut jamais considérer qu'un avantage acquis ou un droit acquis doivent être préservés pour l'éternité.

Dans le cas d'une promesse étatique, le problème se complique car le mode d'action de l'État est non contractuel : on admet qu'il puisse décider unilatéralement de modifier ses relations avec les citoyens, c'est-à-dire de modifier ce que l'on peut appeler les pseudo-contrats implicites qu'il a avec eux. On considère comme légitime de sa part, par exemple, d'augmenter les impôts en portant par là même atteinte aux droits de propriété acquis par les contribuables sur leurs biens. Mais, par ailleurs, l'État ne se contente pas de décider unilatéralement de ses relations avec les citoyens, il intervient comme tierce partie dans les contrats signés par autrui : tel est le cas des 35 heures, puisque, avec elles, l'État interdit aux cocontractants de définir eux-mêmes la durée du travail. Celle-ci ne résulte donc pas d'un choix explicite des salariés et de leurs employeurs, mais elle leur est autoritairement imposée. Or, pendant un certain temps tout au moins, la diminution de la durée légale du travail se traduit nécessairement par une augmentation du coût horaire du travail, ce qui signifie bien que les avantages acquis accordés aux salariés s'accompagnent inévitablement d'une « perte acquise » pour les employeurs. On ne peut dès lors trouver aucune justification au fait d'accorder un avantage à certains au prix d'une charge supplémentaire pour les autres. Et, puisqu'il en est ainsi, on ne voit d'ailleurs vraiment pas au nom de quel principe on devrait refuser de supprimer la spoliation dont certains sont victimes au profit des autres !

Certes, il est probable – et c'est d'ailleurs ce que l'on peut observer – que les employeurs, ayant dû supporter le poids initial du passage aux 35 heures, se sont efforcés peu à peu d'en alléger la charge. Mais il faut pour cela qu'ils puissent ralentir la progression des salaires qui aurait sinon été possible grâce à l'amélioration de la productivité du travail. Et si les employeurs parviennent à réduire le décalage introduit par la loi sur les 35 heures entre le salaire et la productivité, l'avantage acquis s'accompagne alors d'une « perte acquise » pour les salariés eux-mêmes (perte de pouvoir d'achat par rapport à ce qui se serait passé si l'on n'avait pas diminué autoritairement la durée du travail). Ce qui est considéré comme un avantage par certains (moins travailler) peut être considéré par d'autres comme une charge (moins gagner). Ce n'est certainement pas un avantage de travailler moins en gagnant moins pour celui qui aimerait travailler plus afin de gagner plus. En supprimant les 35 heures et *a fortiori* en faisant disparaître la notion même d'une durée légale du travail (aussi bien pour la semaine que pour l'année ou pour la vie), on supprimerait l'avantage acquis, mais également la charge correspondante. En réalité, seule la liberté contractuelle, c'est-à-dire la possibilité pour l'employeur et le salarié de décider par eux-mêmes de la durée de travail souhaitée, permettrait vraiment de résoudre ce conflit entre le temps de travail et le salaire et autoriserait chacun à se rapprocher de la situation qui lui convient le mieux.

En définitive, l'État a agi discrétionnairement et d'une manière que l'on peut d'ailleurs considérer comme illégitime pour imposer une redistribution aveugle de gains et de coûts avec la loi des 35 heures. Rien ne s'oppose donc à ce qu'il agisse discrétionnairement pour défaire ce qu'il a fait. Parce que son contenu est imprécis, contradictoire et partiel, la notion même d'avantages acquis devrait disparaître du langage et de la pratique politiques. Mais il conviendrait surtout de reconnaître à tout être humain le seul « avantage acquis » inhérent à sa nature, à savoir la possession des droits naturels que sont la liberté et la propriété. Malheureusement, cet « avantage naturel » est constamment battu en brèche au nom d'avantages acquis circonstanciels, catégoriels et arbitraires.

VERS UNE AUTRE POLITIQUE ÉCONOMIQUE ?

Pour les Français, 2007 est l'année d'un nouveau Président et d'une nouvelle Assemblée nationale. Comme cela est maintenant bien connu, les chances d'une véritable rupture et d'un vrai renouveau économique, mais aussi social et moral, se jouent dans les cent jours qui suivent les élections. Pour que ces cent jours puissent vraiment devenir les cent jours de la renaissance, il suffit de quelques convictions claires, de quelques réformes cruciales. Au cours de la Seconde Guerre mondiale, c'est par une simple lettre de quatre lignes que Winston Churchill a demandé l'étude et la construction d'un port artificiel pour le débarquement en Normandie. C'est cette simple vision qui a décidé par la suite du cours de l'histoire européenne. Quelle sera donc la

vision du nouveau Président des Français et saura-
t-il la mettre à l'œuvre sans tarder, avec l'espoir
d'entrer dans l'Histoire ? Il n'est point besoin pour
y arriver de réunir des comités d'experts, des com-
missions du bilan et autres forums qui servent
essentiellement à noyer les problèmes dans les
méandres administratifs et politiques. Les réformes
à faire sont bien connues et il suffit donc d'avoir
le courage politique d'en décider la mise en œuvre
rapide, avec la certitude que seules ces réformes
permettront de redonner la prospérité aux Français
et d'apaiser leurs dissensions. Il n'est d'ailleurs que
de regarder les exemples de tant de pays au cours
des années récentes pour savoir comment faire
entrer la France dans une ère nouvelle. Et s'il en est
bien ainsi, après les réformes indispensables, le
reste du quinquennat présidentiel, le reste du quinquennat du Parlement permettraient essentiellement d'attendre pour voir mûrir les fruits de ces
réformes.

Bien sûr, les décisions de politique économique ne suffisent pas et on peut s'en convaincre en
pensant à l'éducation, à la sécurité ou à la santé.
Mais elles sont prioritaires car elles conditionnent
les conditions de vie de tous. Ce sont donc elles
surtout que nous voudrions évoquer ici. En un mot,
il convient de libérer les Français du carcan fiscal
et réglementaire que l'État fait peser sur eux. C'est
une question de justice et, par voie de conséquence,

d'efficacité. Sans entrer dans le détail des mesures à prendre, on peut facilement établir le catalogue – de type « churchillien » – court, mais radical, des réformes à entreprendre d'urgence.

Il ne peut pas y avoir de retour de la prospérité, de baisse significative du chômage sans une profonde réforme fiscale. Il faut pour cela substituer la vision de la création de richesses à la vision de la répartition des richesses. Tout le système fiscal français est en effet bâti sur l'hypothèse implicite que, sur les marchés libres, les gains des uns se font aux dépens des autres[5], de telle sorte que la « justice sociale » impliquerait de s'engager dans cette vaste politique de redistribution qui a été adoptée dans le passé aussi bien par des majorités de droite que par des majorités de gauche, politique qui, au demeurant, a consisté à transférer des richesses des créateurs de richesse aux nomenclatures d'État, beaucoup plus que des « riches » aux « pauvres ». Mais il ne faut jamais oublier que les richesses humaines sont toujours créées par des efforts humains, des efforts d'imagination, de travail, d'épargne. Et lorsqu'on privilégie la logique de la répartition on tue la logique de la création, c'est-

---

5. Cette vision habituelle est paradoxale car, sur le marché libre, tout le monde gagne à l'échange et l'activité est créatrice nette de valeur. C'est au contraire lorsqu'il y a transfert obligatoire que certains gagnent aux dépens des autres, comme cela est le cas pour les activités étatiques.

à-dire qu'on appauvrit tout le monde. Il faut donc aider les Français à quitter la vision dominante d'inspiration marxiste selon laquelle les citoyens seraient membres de classes antagonistes qui lutteraient pour le partage de la richesse, alors qu'en réalité c'est l'État qui avive ces antagonismes en permettant aux citoyens de s'enrichir non pas par leurs propres efforts de création, mais par leurs efforts pour faire jouer le pouvoir de contrainte de l'État à leur profit. Dans une société libre, les individus ne sont pas opposés les uns aux autres, mais ils sont profondément solidaires. Ainsi, les entrepreneurs ont besoin des salariés, mais les salariés ont besoin des entrepreneurs, il n'y a pas d'emplois s'il n'y a pas d'employeurs. Mais il y a peu d'employeurs si, en cas de réussite, l'État leur prend à peu près tout ce qu'ils auront créé par leurs propres efforts.

C'est donc sans aucun complexe qu'il faudrait mettre en œuvre cette nouvelle vision et en tirer les conséquences dans le domaine fiscal. Une baisse profonde et rapide de la progressivité de l'impôt sur le revenu est, de ce point de vue, essentielle. C'est une loi de la nature humaine que les individus sont d'autant plus incités à s'orienter vers une activité que celle-ci est plus rentable pour eux. Or le système fiscal français est bâti de manière telle qu'il punit de façon terrifiante ceux qui prennent le plus de risques et qui font le plus d'efforts de travail, d'imagination ou d'épargne. Ce système est particulièrement injuste puisqu'il exonère d'impôt sur le revenu plus de la moitié des contribuables potentiels, les incitant ainsi à penser que tout ce que fournit l'État est gratuit et peut donc être indéfiniment augmenté. Mais, par ailleurs, l'État a tué l'espoir des jeunes générations d'améliorer leur sort en accumulant de l'épargne car tout effort en ce sens est presque totalement anéanti par une fiscalité excessive. Il ne faut d'ailleurs pas s'étonner si toutes les expériences de baisses radicales et profondes de la progressivité de l'impôt se sont traduites rapidement par une prospérité accrue et même des recettes fiscales croissantes pour l'État. Dans la baisse de la progressivité de l'impôt sur le revenu, il faut donc aller beaucoup plus vite et plus profondément que cela n'a été fait jusqu'à présent, par exemple en établissant un taux maximum de 25 ou de 30 %. Et il ne faut pas craindre de s'opposer vigoureusement à l'argument risible de ceux qui prétendent qu'une telle réforme serait injuste car elle privilégierait les plus riches – auxquels on offrirait un « cadeau fiscal » – et qu'elle ne pourrait pas bénéficier à ceux qui ne paient pas l'impôts sur le revenu ! Il faut en effet renverser le raisonnement : nous nous trouvons actuellement dans une situation profondément injuste puisque les taux d'impôts sont beaucoup plus élevés pour les uns que pour les autres. Diminuer ces taux excessifs signifie alléger la spoliation dont certains sont victimes. Or la suppression d'une spoliation n'est en rien assimilable à un cadeau, elle n'est qu'un acte de justice.

Faire le choix du futur, c'est aussi supprimer la surtaxation dont sont victimes l'épargne et le capital. Il ne s'agit pas ici d'opposer les titulaires de revenus du travail aux titulaires de revenus du capital, mais simplement de souligner que, parmi eux tous, ceux qui font le choix du futur, en épargnant au lieu de consommer, en sont pénalisés. Comme nous l'avons vu, celui qui, après avoir payé l'impôt sur le revenu, choisit de consommer ce qui reste ne pourra plus jamais être atteint par des impôts frappant la matière fiscale ainsi disparue. Mais celui qui aura fait l'effort de mettre de côté ces mêmes ressources, c'est-à-dire d'épargner, pour créer des richesses futures, devra à nouveau payer des impôts de toutes sortes sur les revenus futurs de ces richesses, sur leur transmission ou sur leur possession. Il conviendrait de ce point de vue de permettre aux contribuables de déduire leur épargne de l'assiette de l'impôt sur le revenu[6], et, bien sûr,

---

6. On peut appeler « impôt sur la dépense globale » un impôt qui prendrait pour assiette le revenu – tel qu'il est déclaré actuellement dans le cadre de l'impôt sur le revenu – mais en autorisant la déduction de toute épargne. On aurait ainsi une conception cohérente de l'impôt dans laquelle on éviterait le plus possible de taxer la matière fiscale aussi longtemps qu'elle resterait dans le circuit productif, c'est-à-dire qu'elle ne serait pas détruite par la consommation. Nous exposons en détail les modalités et les justifications de cet impôt dans notre ouvrage, *L'Arbitraire fiscal*, Paris, Genève, Slatkine, 1996.

de supprimer à la fois l'ISF et les droits de succession, deux impôts particulièrement injustifiés[7]. Quoi qu'il en soit du détail des mesures à prendre, c'est un changement de vision qu'il convient ici aussi de proposer : à l'idée absurde, d'inspiration keynésienne, de la relance par la consommation, il convient de substituer la vision de la création de richesses par l'épargne et l'investissement.

Le choix du futur, c'est aussi la substitution de la retraite par capitalisation à la retraite par répartition. Une telle réforme s'impose sur le plan moral – puisqu'elle permet de réintroduire la discipline de la responsabilité individuelle, le sort de chacun au moment de la retraite dépendant de ses propres efforts passés et non de ce qu'on obligera les autres à lui donner – et sur le plan pratique puisque l'actuel système de retraite par répartition est en faillite et que, par ailleurs, la retraite par capitalisation incite à l'épargne et accélère donc la croissance. Le Chili, en 1981, a été le premier pays à montrer qu'une réforme de cette ampleur pouvait se faire rapidement et qu'elle pouvait transformer les conditions économiques de ses habitants. Le passage à la capitalisation n'a pas été obligatoire, mais en très peu de temps la presque totalité de la population avait choisi de passer à la capitalisa-

---

7. Ces impôts disparaitraient *ipso facto* si l'on adoptait l'impôt sur la dépense globale (voir note 6 page précédente).

tion. C'est ce changement qui a fait exploser le taux d'épargne et provoqué une croissance très élevée et continue qu'aucun autre pays d'Amérique latine n'a connue au cours des vingt dernières années. Il a permis à tous, pauvres et riches, de devenir propriétaires et responsables. Le succès de cette réforme a été tel que nombreux sont les pays d'Amérique latine – mais aussi d'autres continents – qui ont imité l'exemple chilien. Pourquoi la France – jusqu'à présent drapée dans ses orgueilleuses « exceptions françaises » – ne l'imiterait-elle pas ? On se prend à rêver en pensant à la prospérité qu'aurait pu connaître notre pays si une telle réforme avait été adoptée il y a plusieurs années, par exemple en 1986-1988. Il est par ailleurs évident que tous les problèmes – par exemple celui du financement des dépenses de santé rapidement croissantes ou le remboursement d'une importante dette publique – sont plus faciles à résoudre dans une économie en croissance. À tous ces points de vue, il n'est plus possible d'attendre.

Le monopole est mauvais, mais les seuls monopoles durables sont les monopoles publics. Parmi eux, il en est un qui est particulièrement nocif, le monopole de la Sécurité sociale dans le domaine de l'assurance-maladie. Le système actuel repose sur cette absurdité que les cotisations sont généralement proportionnelles non pas aux risques couverts – comme c'est normal pour toute assurance –

mais au revenu, ce qui n'a strictement rien à voir. Bien entendu, le système actuel est justifié par l'alibi de la justice sociale. Mais cet argument permet la monopolisation de la plus grande partie du système d'assurance. Or on sait bien que tous les systèmes d'assurance sont confrontés à une difficulté qu'on appelle le « risque moral », c'est-à-dire le fait qu'un assuré est moins incité à éviter le risque du fait même qu'il est assuré. L'existence d'un monopole dans le domaine de l'assurance-maladie accentue cette incitation à l'irresponsabilité, parce que les assurés, étant obligatoirement pris en charge par le système, ne subissent aucune sanction pour leurs comportements coûteux éventuels et parce que les gestionnaires du service, n'étant pas soumis à la concurrence et bénéficiant de financements obligatoires, ne sont pas incités à rechercher les méthodes de régulation les plus efficaces. Le système actuel, qui favorise l'irresponsabilité aussi bien des gestionnaires que des assurés, ne peut évidemment être qu'en faillite permanente, tout en ne donnant pas les meilleurs services et en paralysant l'ensemble de l'activité économique. Le financement de la Sécurité sociale étant de nature obligatoire, il détruit les incitations à produire, à travailler, à épargner. Et l'impossibilité de recourir à la concurrence d'autres fournisseurs de services empêche de rechercher les solutions les moins coûteuses et celles qui correspondent le mieux aux besoins diversifiés des assurés. En réintroduisant la concurrence on permettrait à chacun de s'assurer comme il l'entend, auprès de la compagnie de son choix, pour les risques qu'il choisit, qu'il s'agisse d'ailleurs d'assurance-maladie ou d'assurance-chômage. La disparition du monopole de la Sécurité sociale serait donc un élément essentiel d'une nouvelle politique. Elle serait au demeurant conforme aux règles concurrentielles que l'Union européenne cherche à introduire.

Qu'il s'agisse de prélèvements fiscaux ou « sociaux », le point fondamental est celui qui a été popularisé sous le nom de « courbe de Laffer » : plus le taux des prélèvements est élevé plus la matière fiscale a tendance à se dérober. En sens inverse, une diminution des taux accroît la production de richesses et donc l'assiette des prélèvements. Ainsi, lorsque les taux de départ sont très élevés – ce qui est le cas de la France –, toute réduction des taux d'impôts ou de cotisations sociales a un effet très positif sur les efforts productifs et peut même se traduire assez rapidement non pas par une réduction des recettes fiscales et « sociales », mais par une augmentation.

Il faut enfin s'engager avec vigueur dans la voie de la déréglementation. Celle du marché du travail tout d'abord, et ici aussi il existe un exemple étranger intéressant, celui de la Nouvelle-Zélande que nous avons rencontré au chapitre IV. En supprimant toutes les dispositions du Droit du travail qui détruisaient le désir d'embaucher des entrepreneurs, par exemple le caractère obligatoire des conventions collectives, Mme Ruth Richardson a diminué le taux de chômage de moitié en très peu d'années. Ces changements ont été acceptés sans drame, précisément parce qu'ils ont bénéficié à tout le monde.

Mais c'est dans tous les domaines que l'on trouve en France des réglementations paralysantes et coûteuses. Elles sont si nombreuses, si complexes, que personne ne peut en faire le tableau complet. Mais ne conviendrait-il pas d'imiter le remarquable travail qui avait été fait en 1960 dans le fameux rapport Rueff-Armand sur les obstacles à l'expansion économique, et de débusquer systématiquement tous ces obstacles que l'État français a mis en place au cours des années et qui empêchent les Français de développer leur imagination, de prendre des risques et peut-être même tout simplement d'être heureux ? Dans ce catalogue, nécessairement considérable, il conviendrait d'apporter une attention particulière à l'un des monopoles étatiques les plus néfastes et les plus destructeurs : le monopole de l'éducation. Sous prétexte, une fois de plus, d'assurer l'égalité des chances, l'État français a nationalisé l'enseignement et s'est donné le contrôle des esprits. On dira, certes, qu'il existe des « écoles libres » dans l'enseignement primaire et secondaire. Mais il s'agit là d'une pure fiction dans la mesure où le choix des enseignants et des programmes reste dans les mains des bureaucraties étatiques. Quant à l'enseignement supérieur, la France est l'un des rares pays modernes au monde à maintenir un monopole public total sur les universités. Celles-ci sont alors soumises à l'inefficacité bureaucratique et à la démagogie syndicale, au lieu d'être le lieu de la réflexion et du débat d'idées.

Au cours des années passées, comme l'ont montré plusieurs rapports importants, la position de la France – donc des Français – s'est dégradée dans le monde, en termes de libertés économiques ou d'efficacité productive. Or on possède maintenant suffisamment d'analyses, suffisamment d'exemples étrangers, pour savoir quelles sont les recettes d'une nouvelle prospérité. Pour que ce savoir puisse se traduire dans la réalité, il ne manque qu'un élément : la force de conviction. C'est là que réside la responsabilité majeure du Président et des membres de l'Assemblée nationale issus des élections de 2007.

QUEL RÔLE POUR L'EUROPE ?

La construction européenne a été érigée au niveau d'un mythe sacré qu'il est indécent de critiquer. Pour les gardiens de l'orthodoxie qui ont trouvé le moyen de coloniser les esprits, il n'y a pas de salut européen en dehors de la voie interventionniste, centralisatrice et unificatrice dont Jacques Delors s'était fait le symbole lorsqu'il présidait la Commission des Communautés européennes. Curieusement, même certains esprits qui revendiquent plus de liberté pour les citoyens de leur pays sont prêts à accepter une conception centralisatrice de l'Europe. Or, au lieu de rechercher l'harmonisation des règles, des institutions, des pratiques, une véritable intégration, conforme à la tradition européenne, devrait tendre à plus de différenciation, plus de concurrence.

Construire une supernation aussi oppressive et spoliatrice pour les citoyens que le sont la plupart des nations actuelles, tel est le rêve de bien des politiciens, qui arrivent même à le faire partager à leurs futures victimes. Disposant de moyens de communication exceptionnels, ils sont par ailleurs maîtres dans le maniement du langage : en proposant l'« harmonisation » des fiscalités, des réglementations et des lois, ils donnent le sentiment de construire un monde plus « harmonieux », protégé du désordre et de l'anarchie.

Il suffirait peut-être de remplacer le mot « harmonisation » par le mot « standardisation » pour que le réflexe habituel en soit modifié. On prendrait alors conscience que la différenciation est une richesse et qu'au lieu d'avancer vers l'harmonisation européenne, il conviendrait au contraire d'assurer une plus grande différenciation des règles et des fiscalités au sein des nations actuelles. Comment d'ailleurs expliquer que, bien souvent, les mêmes personnes partent en guerre contre la mondialisation parce qu'elle serait un facteur de standardisation du monde – ce qu'elle n'est pas – et réclament des mesures d'« harmonisation » au niveau européen ? La seule position cohérente et réaliste consiste évidemment à respecter l'infinie diversité des hommes et des femmes, de leurs activités, de leurs projets.

Les richesses des hommes – non seulement matérielles, mais aussi spirituelles et culturelles – proviennent de leurs différences. Ce sont elles qui rendent l'échange possible et profitable. Et l'immense mérite de la civilisation européenne est d'avoir incité les hommes à se différencier toujours davantage les uns par rapport aux autres. La liberté des marchés et la concurrence en sont l'expression économique : les producteurs cherchent non pas à faire comme les autres producteurs – c'est-à-dire à « harmoniser » leurs productions – mais, bien au contraire, à *faire mieux* qu'eux et à se différencier pour mieux satisfaire la diversité des besoins de leurs clientèles. La prospérité du monde moderne est venue de cette recherche continuelle de la *différenciation*.

En réalité, depuis l'origine, le processus d'intégration européenne est tiraillé entre deux visions, une vision libérale et une vision interventionniste. Pour la première vision, l'intégration implique seulement la concurrence, c'est-à-dire la liberté pour tous, comme producteurs et consommateurs, d'entrer sur un marché, quel que soit leur pays de résidence. En effet, dire que différentes économies sont intégrées, c'est dire que leurs diverses parties fonctionnent de manière cohérente. Or, pour un libéral, c'est la décentralisation des décisions au niveau individuel qui réalise au mieux cette intégration, grâce au respect de règles générales, à l'utilisation du système des prix ou au recours à des normes traditionnelles. Cette vision implique donc la suppression des obstacles aux échanges entre pays, c'est-à-dire tout simplement la création d'une zone de libre-échange. C'est bien ce qui a été réalisé pour les échanges de marchandises et l'intégration européenne impliquait seulement de poursuivre cette ouverture à la concurrence pour les services – mais on sait quelle hostilité a soulevée la « directive Bolkestein » –, pour les facteurs de production, mais aussi pour les systèmes juridiques, les systèmes fiscaux, les systèmes monétaires, etc. De ce point de vue, il n'est absolument pas nécessaire d'avoir des institutions centralisées. Si l'on était convaincu dans un pays, comme on devrait l'être, des bienfaits de la concurrence généralisée, on devrait la rendre possible – non seulement à l'échelle de l'Europe, mais à l'échelle du monde – sans se préoccuper d'obéir aux injonctions d'une quelconque Commission européenne.

Pour les tenants de l'autre vision – qui est, semble-t-il, la vision dominante dans beaucoup de pays européens, en tout cas en France –, la concurrence aurait certes des mérites, mais elle devrait être « encadrée » et elle ne serait possible qu'à condition que les marchés soient « organisés ». On prétendra alors, d'une part, qu'il est nécessaire d'avoir des organes de régulation au niveau européen et, d'autre part, qu'il est nécessaire d'harmoniser les environnements fiscaux, juridiques ou monétaires, des producteurs pour éviter que certains soient défavorisés par rapport à d'autres. Cette conception de l'intégration est fondamentalement erronée parce qu'elle repose sur une conception fausse de ce qu'est la concurrence. Nous l'avons souligné, en effet, les bienfaits de la concurrence tiennent au fait qu'elle incite les producteurs non pas à s'imiter les uns les autres, mais, bien au contraire, à se différencier de manière à faire mieux que les autres et à remporter des parts de marché. Par ailleurs, grâce à leurs facultés d'imagination, les êtres humains sont capables de se concurrencer alors même qu'ils se trouvent dans des conditions de production différentes. C'est d'ailleurs parce qu'ils sont différents et situés dans des environnements différents que les individus échangent et ont intérêt à échanger. Le désir d'harmonisation, typique de l'intégration européenne de notre époque, conduirait à la limite à empêcher toute différenciation et donc tout échange. L'harmonisation est donc la négation d'une caractéristique fondamentale des êtres humains, le besoin de diversification.

Prenons un exemple : il existe dans le sud de l'Europe des producteurs de tomates qui bénéficient de l'énergie gratuite du soleil. Mais il en existe aussi aux Pays-Bas, qui utilisent des serres chauffées au gaz naturel. Si l'on considérait que la concurrence entre eux n'est possible qu'en harmonisant les conditions de production, on devrait imposer aux producteurs du Sud de protéger leurs plants de tomates des rayons du soleil de manière à « harmoniser » les conditions d'ensoleillement. Cela semblerait absurde et serait effectivement absurde. Mais l'harmonisation des systèmes fiscaux, juridiques, monétaires ou éducatifs n'est pas moins absurde.

Même si, dans un certain nombre de cas, les institutions européennes favorisent le développement de la concurrence – par exemple en poussant à la déréglementation de certaines activités –, elles détruisent le véritable processus d'intégration, par exemple lorsqu'elles empêchent la concurrence entre systèmes fiscaux ou entre systèmes juridiques, lorsqu'elles centralisent les décisions ou même lorsqu'elles prétendent mettre en œuvre une politique de concurrence qui, en limitant la liberté pour les entreprises de faire leurs propres choix stratégiques, porte en réalité atteinte à la concurrence.

Pourquoi le principe de concurrence, fondé sur le respect de la liberté individuelle, et qui a montré son efficacité dans tant de domaines de l'activité humaine, ne serait-il plus valable lorsqu'il s'agit des activités publiques ? Et ne faudrait-il pas donner aux hommes de l'État un objectif bien clair : faire mieux que les autres ? Ce qui exclut la constitution de cartels publics pour imposer à tous les citoyens de l'Europe des impôts, des réglementations, des politiques décidés sans référence à une quelconque norme, autre que celle de l'unification. Harmoniser, est-ce là un objectif digne des êtres humains ? Les hommes ne sont pas comme les ouvrières interchangeables d'une ruche d'abeilles. Leur donner pour but de vivre dans des environnements semblables les uns aux autres, c'est poursuivre un rêve totalitaire.

Mais, dira-t-on, il n'en reste pas moins que les producteurs français seraient désavantagés si, par exemple, la TVA était plus forte en France que dans d'autres pays européens, dans le cas où l'on renoncerait au système de remboursement de la TVA à l'exportation. En fait, il n'en est rien, comme le montre le raisonnement économique d'une manière absolument *irréfutable*. Et il est aussi absurde de vouloir prendre une décision – concernant par exemple la TVA – en ignorant les principes de base de la science économique qu'il le serait de vouloir construire un avion sans connaître les lois de la physique. C'est pourtant ce que font tous ceux qui prétendent que le marché unique implique l'harmonisation des fiscalités.

Il est certes vrai que dans certains cas les différences de fiscalité entre pays peuvent avoir des effets

importants. Il en est ainsi lorsque des discriminations existent, à l'intérieur d'un pays, entre différentes activités ou différents individus. Ainsi, lorsque
certains sont particulièrement spoliés par l'impôt
progressif sur le revenu, ils sont incités à aller vers
des cieux plus respectueux de leurs talents et de
leurs efforts ; lorsque l'épargne et le capital sont sur-
taxés – comme c'est le cas en France – leurs propriétaires sont incités à les déplacer vers des lieux moins
spoliateurs. Or la mobilité accrue des hommes et des
capitaux en Europe effraie des gouvernements habi-
tués à extorquer des sommes importantes à leurs
« esclaves fiscaux ». Refusant toute concurrence
fiscale qui les conduirait à diminuer ces discriminations, ils essaient alors de constituer un « cartel de
spoliateurs » qui adopterait des mesures fiscales semblables aux leurs. La fameuse « fuite des capitaux »
due aux différences de fiscalité n'est pas un risque de
la construction européenne, dû à l'absence d'harmonisation, elle doit être considérée comme une *chance*
pour des citoyens exploités.

De la même manière, on ne peut trouver aucune
justification à l'objectif absurde d'harmoniser les
réglementations et les législations, si ce n'est dans la
prétention inouïe des législateurs européens à être
dotés d'une telle sagesse et d'une telle clairvoyance
qu'ils seraient capables de connaître et de décider les
meilleures réglementations, les meilleures règles de
Droit. C'est aux Européens de décider peu à peu, par

leur libre choix, des règles les plus efficaces et les plus justes. On a trop oublié la grande tradition occidentale selon laquelle « le Droit ne se décide pas, il se constate ». L'ordre spontané – dont les économistes ont si bien vu les implications, à savoir le marché – a aussi son expression juridique : il faut découvrir la loi et non la faire. Revenir à cette tradition, revenir à l'idée que « le contrat est la loi des parties », ce serait remettre à la jurisprudence la grande tâche d'élaboration du Droit. Faute de revenir rapidement à cette situation, il conviendrait tout au moins qu'un certain degré de concurrence réglementaire et juridique puisse exister en Europe : cela impliquerait, par exemple, qu'une entreprise située sur le territoire européen puisse adopter non pas un « statut de la firme européenne », mais un statut conforme à l'une quelconque des législations européennes existantes.

La spoliation fiscale n'est pas moins une spoliation parce qu'elle est harmonisée, la contrainte réglementaire n'est pas moins contraignante, pas moins arbitraire parce qu'elle est harmonisée. Les citoyens européens doivent comprendre qu'il est de leur intérêt, de l'intérêt de leurs enfants, de procéder à un renversement total des idées à propos de l'intégration européenne : à l'harmonisation des fiscalités, des réglementations, des lois, il convient de substituer la concurrence fiscale et la concurrence juridique ; au renforcement des politiques communes, il convient de substituer la concurrence et le libre choix des producteurs et des consommateurs. *Un marché unique n'est pas un marché unifié, c'est un marché libéré.* Une autre conception de l'Europe, fondée sur la concurrence, le respect des droits individuels et la diversité est le seul véritable espoir pour les Européens.

LES BIENFAITS
DE LA MONDIALISATION

La mondialisation fait peur. Elle fait naître des inquiétudes diffuses ou même des oppositions violentes, comme cela est le cas des « altermondialistes » qui manifestent contre ce qu'ils dénoncent sous le vocable de « mondialisation néolibérale ». L'étiquette qu'ils adoptent maintenant – celle d'alter-mondialistes – est peut-être significative d'une évolution : au lieu de s'opposer totalement à la mondialisation, ils préfèrent réclamer une « autre mondialisation », c'est-à-dire une mondialisation plus « solidaire » et mieux « régulée » par les États, de manière à éviter les prétendus désordres d'une économie totalement laissée aux « forces du marché ». Ainsi présentée, l'opposition à la mondialisation paraît probablement plus acceptable à de larges secteurs de l'opinion publique, comme en témoigne d'ailleurs l'attention bienveillante des médias et du public.

Mais pourquoi la mondialisation fait-elle ainsi peur ? Pourquoi suscite-t-elle autant de passions et tient-elle une telle place dans le débat politique ? Elle ne représente pourtant que cette extraordinaire opportunité offerte à tous les habitants de la planète d'échanger toutes sortes de biens, de services, de capitaux, d'informations sans avoir à se préoccuper de l'existence des frontières. À notre époque, les progrès technologiques dans les communications et les télécommunications ont permis de rapprocher producteurs et consommateurs. Simultanément, l'affaiblissement des barrières institutionnelles à l'échange, auquel l'OMC et son prédécesseur, le GATT, ont contribué, a accéléré cette évolution.

Si la mondialisation est bénéfique, c'est pour une raison bien simple : elle signifie l'extension de la concurrence aux producteurs du monde entier. Or dire qu'il y a concurrence sur un marché, c'est dire que tout producteur a le droit d'y entrer librement. Il en résulte naturellement que chaque producteur est incité à faire mieux que les autres, c'est-à-dire à proposer des produits et services moins coûteux et mieux adaptés aux besoins de ses acheteurs. C'est pourquoi, comme l'a souvent écrit Friedrich Hayek, la concurrence est un « processus de découverte ». Elle est un facteur essentiel de l'innovation et du progrès économique. Lorsqu'un État établit des obstacles à la liberté des échanges internationaux – ce qui est bien souvent le cas, car la mondialisation est loin d'être parfaite –, il impose aux consommateurs de son pays d'acheter les biens et services qu'ils désirent à un prix plus élevé et il réduit donc leur niveau de vie. En outre, il détruit cet élément essentiel qu'apporte la concurrence, à savoir la transmission du savoir. En effet, dans le cas où la liberté des échanges est préservée, le producteur national qui subit soudain la concurrence de producteurs étrangers découvre par là même qu'il est possible de produire mieux et moins cher et il est donc incité à rechercher de nouveaux produits et de nouveaux processus de production. Il ne faut en effet pas l'oublier : contrairement à l'idée dominante selon laquelle il faut encourager les exportations et se protéger des importations, ce sont ces dernières qui sont en réalité désirées par les acheteurs. Dans tout échange, ce que l'on achète (ce que l'on importe) a plus de valeur que ce que l'on vend (ce que l'on exporte), sinon l'échange n'aurait pas lieu.

On pourra évidemment être tenté de rétorquer que certains pays ont connu une croissance relativement élevée grâce à la protection qui aurait été offerte à certaines de leurs activités. Mais il est facile de répondre à cet argument que la croissance aurait été encore plus forte si la protection n'avait pas existé[8]. On ne peut pas, en effet, reconstruire

---

8. Sur toutes ces questions, on peut se reporter à notre ouvrage, *Le Libre-Échange*, Paris, PUF, « Que sais-je ? », 2002.

l'Histoire pas plus qu'on ne peut expérimenter en plaçant le même pays, à la même époque, dans deux situations différentes – protectionnisme et libre-échange – de manière à comparer les résultats obtenus. Le simple examen des faits n'est donc pas suffisant pour nous apporter des conclusions fermes. Mais nous disposons heureusement d'un instrument très puissant : la logique. C'est cet instrument que nous utilisons.

Les avantages de la mondialisation pour les consommateurs sont évidents et il peut donc sembler étrange de n'avoir pas vu apparaître un vaste mouvement d'opinion favorable à cette mondialisation et infiniment plus puissant que ne l'est celui des alter-mondialistes. Car, après tout, nous sommes tous des consommateurs. Mais c'est peut-être de là, précisément, que vient le problème. Les intérêts en cause sont tellement diffus et généraux (ils concernent toutes les activités et tous les individus), ils sont souvent tellement difficiles à imaginer que personne n'a avantage à s'organiser afin de les défendre. En revanche, les altermondialistes, comme tous les défenseurs d'un quelconque protectionnisme, défendent des intérêts très précis. Ce qui ne les empêche pas – oh ! paradoxe – de prétendre défendre un intérêt national ou un intérêt collectif. Et c'est exactement pour ces mêmes raisons que le monde politique écoute d'une oreille favorable les thèses altermondialistes. La politique étant le lieu de confrontation des intérêts organisés, les hommes politiques cherchent à accorder des privilèges spécifiques et aisément identifiables par leurs bénéficiaires, quel qu'en soit le coût plus ou moins méconnu.

Ce qui s'oppose en réalité, c'est une vision partielle et statique – celle des altermondialistes et autres protectionnistes – et une vision d'ensemble et dynamique – celle des libre-échangistes. Les premiers se préoccupent uniquement de la répartition des richesses, soit en demandant la protection de certains producteurs, soit en prélevant sur certains pour donner aux autres au nom de la solidarité et de la régulation économique. Mais ils semblent ignorer que les avantages accordés aux uns représentent nécessairement des coûts pour les autres. Ils ignorent que, ce faisant, ils portent atteinte à tout un système d'incitations productives individuelles et ils mettent ainsi le futur en péril. Ils donnent la priorité à la répartition des ressources existantes et non à la création de nouvelles richesses.

Pour les altermondialistes, la concurrence internationale ne peut fonctionner qu'entre égaux. Elle aggraverait les écarts entre riches et pauvres, faibles et puissants. Il faudrait donc ou bien l'empêcher ou bien corriger les inégalités qui résulteraient de la mondialisation. Cette idée est radicalement fausse puisque l'échange naît précisément du fait que les individus sont différents et puisque l'échange libre présente cette caractéristique extraordinaire d'être profitable à tous les échangistes, riches ou pauvres, salariés ou titulaires de profits, prêteurs ou emprunteurs. Pourtant cette même idée inspire implicitement beaucoup d'esprits. C'est elle qui fait préférer la construction d'espaces régionaux au libre-échange mondial. C'est elle aussi qui a rendu difficile l'adhésion des pays anciennement communistes à l'Union européenne, alors que, le lendemain même de la chute du mur de Berlin, on aurait dû ouvrir toutes grandes les frontières avec ces pays.

Les restrictions apportées à la mondialisation s'inspirent en fait de préoccupations quelque peu contradictoires. Dans les pays les plus développés on s'inquiète de la concurrence de pays où la main-d'œuvre est moins coûteuse ; dans les pays moins développés, on craint que leur faible développement économique ne leur permette pas de soutenir la concurrence de pays plus développés sur le plan technologique. En fait, ces craintes sont vaines dans la mesure où tous gagnent au développement de l'échange libre. Et l'on peut même dire que ce sont les plus pauvres qui ont le plus à gagner de la mondialisation. En effet, les pays pauvres sont en général des pays où la production est peu diversifiée et technologiquement peu développée. L'échange international permet donc à leurs habitants de se procurer à bas prix une variété immense de produits et de services qu'ils ne pourraient pas sinon obtenir, si ce n'est à un coût exorbitant pour eux. Il suffit d'ailleurs de regarder le monde pour se convaincre que la mondialisation est source de richesse pour les plus pauvres : c'est en faisant le choix de l'ouverture que des pays très pauvres au départ – comme Taiwan – ont pu se propulser en haut de l'échelle des revenus, alors que la stagnation caractérise des pays fermés comme la Corée du Nord. Les altermondialistes sont donc parfaitement incohérents lorsqu'ils prétendent défendre les plus pauvres et qu'ils s'opposent en même temps à la mondialisation. Comment expliquer leur attitude ? Lorsque des gens défendent une position qui est manifestement erronée, il ne peut y avoir que deux explications : ou bien ils sont ignorants, ou bien ils ont un intérêt spécifique à défendre (ces deux raisons pouvant d'ailleurs coexister).

Que les altermondialistes soient ignorants, ce devrait être une évidence. Ils n'ont pas compris le principe de l'échange – d'après lequel les deux partenaires d'un échange sont nécessairement gagnants – qui est l'un des principes les plus universels et les plus éternels. Ils n'arrivent pas à comprendre les processus de régulation extrêmement subtils et évolutifs d'une économie libre et ils préfèrent s'en remettre à des processus de décision centralisés dont les échecs de la planification ont pourtant montré l'inanité.

Mais les altermondialistes ont aussi des intérêts, plus ou moins masqués, à défendre. Leur opposition à la mondialisation est la conséquence d'un besoin de recyclage pour des hommes et des femmes qui ont perdu leur fonds de commerce idéologique avec la faillite du communisme. Mais leur véritable motivation reste celle de prédateurs qui cherchent non pas à créer des richesses, mais à bénéficier d'une part aussi grande que possible des richesses créées par autrui. On comprend alors que certains aient intérêt à défendre – au besoin par des manifestations violentes – l'idée que la libre concurrence conduit à l'exploitation des uns par les autres. S'ils arrivent à faire admettre cette thèse – et il faut croire qu'ils y sont bien arrivés puisqu'elle est acceptée par de nombreuses personnalités de droite aussi bien que de gauche –, ils ouvrent par là même un espace à l'action politique. Ils font donc en sorte qu'une partie des ressources dont disposent les uns et les autres soit en grande partie déterminée par des processus politiques – qu'ils ont l'espoir d'influencer ou même d'arbitrer – et non pas par leurs propres efforts productifs. La rémunération que recherchent les altermondialistes est une rente, c'est-à-dire un privilège obtenu par l'usage de la contrainte publique. De ce point de vue, la taxe Tobin constitue une parfaite illustration de leurs véritables motivations. Elle consiste à prélever des ressources considérables sur une catégorie de personnes cataloguées comme « ennemies », à savoir les intervenants de la finance mondiale, de manière à financer des activités qui les intéressent.

On comprend alors pourquoi le monde politique regarde les altermondialistes avec bienveillance, car ils sont des alliés objectifs dans leur effort perpétuel pour introduire la contrainte publique dans l'univers de la liberté des échanges. Mais, contrairement au monde du marché qui est un lieu de négociations pacifiques, le monde politique est nécessairement conflictuel car il conduit à arbitrer entre des intérêts catégoriels incompatibles. C'est d'ailleurs exactement ce que l'on peut constater au sein de l'OMC. Si les négociations commerciales internationales ont pu conduire à une certaine libéralisation au cours des années récentes, c'est parce que ceux qui réclament l'ouverture des marchés des autres pour leurs produits ont bien été obligés d'accepter l'ouverture de leurs propres marchés. Mais l'OMC n'en reste pas moins un lieu de rencontre et de confrontation pour les représentants d'États qui, par nature, sont tentés d'interférer avec la liberté des échanges. Car si tous les gouvernants dans le monde étaient vraiment convaincus des bienfaits de l'échange libre, ils auraient pris l'initiative d'ouvrir totalement les marchés de chacun de leurs pays sans avoir à négocier des accords internationaux. En effet, lorsqu'un État limite la liberté d'échanger de ses ressortissants, c'est d'abord à eux qu'il porte tort, de telle sorte que la libéralisation unilatérale des échanges serait parfaitement justifiée. Il est donc quelque peu paradoxal que les altermondialistes fassent de l'OMC le symbole même de la mondialisation capitaliste. Même si elle peut effectivement contribuer à la libéralisation des échanges, elle n'en reste pas moins un lieu dans lequel les États essaient de « réguler » les marchés. Il n'est alors pas impossible d'imaginer qu'en contrepartie de ses contributions en faveur d'une plus grande liberté des échanges, l'OMC soit soumise à des pressions croissantes pour organiser les marchés, pour « harmoniser » les conditions de production, pour imposer ce que l'on pourrait appeler la mondialisation des règlements et des impôts. Telle sera, peut-être, malheureusement, l'autre mondialisation.

En tant qu'architecte de la politique étrangère française, Jacques Chirac s'est voulu le héraut de la mondialisation de la solidarité qu'il considère comme le complément indispensable de la « mondialisation économique ». En d'autres termes, il adopte avec ardeur le credo gauchiste à la mode selon lequel tous les malheurs des pays pauvres viendraient des abus de la « mondialisation néolibérale ». Il n'est alors pas étonnant qu'il ait bien souvent cheminé en compagnie des marxistes et marxisants d'Attac et autres mouvements de contestation antimondialisation, par exemple en réclamant l'instauration d'une « taxe Tobin », présentée comme l'un des instruments essentiels de la mondialisation de la solidarité. Tous sont persuadés que la mondialisation des échanges est à l'origine d'inégalités croissantes entre les peuples, ce qui est absolument contraire aux faits : beaucoup de pays pauvres sont devenus récemment des « pays émergents » dont les taux de croissance sont impressionnants. Mais ceux qui ne veulent pas reconnaître ces faits ne voient alors pas d'autre remède à leurs fantasmes que la fermeture pure et simple des frontières. Certes Jacques Chirac ne va pas jusqu'à préconiser une telle politique. Mais il n'en reste pas moins persuadé – puisque la mondialisation est inévitable – qu'une vaste politique de transferts financiers publics au profit des pays les moins développés est indispensable pour rendre cette mondialisation acceptable et qu'elle est même moralement justifiée dans la mesure où les pays riches devraient compenser les pays pauvres pour les maux qu'ils leur auraient imposés.

L'idée selon laquelle l'échange pourrait être inégal est largement répandue. Or elle est fausse, radicalement et définitivement fausse. Nous l'avons vu en effet, il existe un principe universel, à savoir qu'un échange libre est profitable aux deux partenaires (sinon, bien sûr, ils ne le décideraient pas). Et ce principe est évidemment valable que les partenaires soient situés sur le même territoire national ou sur des territoires nationaux différents. Car il ne faut pas oublier que les pays n'échangent pas, pas plus qu'ils ne pensent ou agissent. Seuls les individus échangent, soit isolément, soit en coopérant au sein de structures entrepreneuriales. Étant universel, le principe selon lequel l'échange est nécessairement bénéfique pour tous les échangistes ne peut pas souffrir d'exception.

Pourtant, dira-t-on peut-être, si un gouvernement supprime les barrières douanières qui protégeaient certains des producteurs de son pays, ces derniers souffrent bien de la concurrence accrue des producteurs étrangers au point qu'ils peuvent même être conduits à la faillite, ce qui se traduit par des licenciements. En ce sens, la libéralisation des échanges appauvrirait ces producteurs et donc leurs pays. Mais il faut en réalité renverser le raisonnement : la protection dont ces producteurs bénéficiaient auparavant n'était rien d'autre qu'un ensemble de privilèges obtenus par la contrainte étatique. Les gains indus qu'ils recevaient ainsi se faisaient aux dépens des consommateurs nationaux, obligés de payer plus cher pour leurs achats, ou des producteurs étrangers empêchés de vendre dans le pays protectionniste. Or personne ne peut valablement légitimer que certains se voient ainsi attribuer des droits sur autrui : le protectionnisme apporte des gains à certains (généralement ceux qui sont les plus proches du pouvoir politique), mais il crée des victimes (généralement les moins organisés politiquement et les plus pauvres).

La libéralisation des échanges ne fait que restaurer les droits légitimes des uns et des autres. Elle est donc l'expression des exigences d'une morale universelle et, en tant que telle, elle ne peut entrer en conflit avec aucune autre considération.

L'idée selon laquelle l'échange pourrait être créateur d'inégalités est en réalité le sous-produit d'une autre erreur intellectuelle, celle qui consiste à penser que les relations entre les hommes constituent un jeu à somme nulle : ainsi ce qu'obtiendraient les habitants des pays riches par l'échange international serait obtenu aux dépens des habitants des pays pauvres. De là vient l'idée du « pillage du tiers monde ». Ceux qui défendent ces thèses ont une vision matérialiste et statique de l'économie : ils considèrent qu'il existe un stock donné de richesses dans le monde (en particulier les ressources naturelles) et qu'il convient seulement de répartir ces richesses. Or les richesses humaines sont toujours créées et elles le sont nécessairement par des efforts d'intelligence. C'est la raison pour laquelle Julian Simon – remarquable économiste américain, trop ignoré en France – a pu montrer que les ressources naturelles n'existent pas et qu'elles sont elles-mêmes un produit de l'esprit humain[9]. En effet une ressource quelconque n'a pas d'existence économique

---

9. Voir son ouvrage, *The Ultimate Resource* (traduction française : *L'Homme notre dernière chance*, Paris, PUF, 1985).

aussi longtemps que personne ne lui a trouvé d'usage et ne l'a associée à un projet humain. Et il ne faut pas s'étonner si des pays riches en ressources naturelles (par exemple le pétrole pour le Venezuela) ne se développent pas, alors que d'autres, démunis de ressources naturelles (la Suisse, Singapour ou Hong Kong) sont au contraire très prospères.

Parce que, dans tout pays, il existe des êtres humains dotés de raison et d'imagination, tout pays a vocation à se développer et il se développera d'autant mieux que ces êtres humains seront libres de penser, de produire, d'épargner et d'échanger. Si certains pays sont pauvres, ce n'est certainement pas à cause de l'échange international, qui leur permet au contraire d'économiser des ressources en se procurant à l'extérieur ce qu'ils ne pourraient produire qu'à un coût plus élevé. S'ils sont pauvres, c'est parce que leurs habitants sont les victimes de dirigeants qui mettent des obstacles à leur liberté, qui les paralysent par des réglementations délirantes, qui les spolient par des impôts élevés, qui les démoralisent par la corruption. Il suffit d'ailleurs de regarder le monde qui nous entoure pour voir que le développement d'un pays est directement lié au degré de liberté dont jouissent ses habitants[10].

---

10. Cette relation est clairement mise en évidence dans la publication annuelle, *Index of Economic Freedom*, The Heritage Foundation et *The Wall Street Journal*, déjà citée.

N'agissant pas sur la cause de la pauvreté, la prétendue « solidarité internationale » ne résout évidemment pas le problème. Bien plus, elle risque même d'aboutir au résultat inverse en renforçant les pouvoirs et les richesses de dirigeants coupables de maintenir la pauvreté de leurs citoyens. En réalité, le beau mot de solidarité est dévoyé lorsqu'il sert à désigner des transferts prélevés par la contrainte publique sur des contribuables qui avaient créé des ressources par leurs propres efforts afin de donner ces ressources non pas aux individus les plus pauvres, mais aux dirigeants des pays pauvres. La mondialisation de la solidarité ce devrait d'abord être celle de l'échange. Dans l'échange, les êtres humains sont solidaires, ils apprennent à se connaître, à se respecter, à s'enrichir mutuellement, à agir conformément à des règles morales (honorer ses propres engagements, reconnaître les droits d'autrui), à être sanctionnés s'ils ne respectent pas ces règles.

La règle d'or de la politique extérieure de la France ne devrait donc pas être de compléter la mondialisation des échanges par celle d'une prétendue solidarité. Cela peut conduire à dérouler le tapis rouge sous les pieds de dictateurs corrompus sous prétexte qu'ils sont les représentants de la pauvreté du monde. Elle devrait être de se sentir solidaire de ceux qui permettent à la liberté de s'épanouir dans leurs pays, que ceux-ci soient riches ou pauvres.

Bien sûr, la pauvreté est insupportable. Pour autant, ce n'est pas parce qu'un pays est pauvre que ses dirigeants méritent notre amitié, car cette pauvreté est finalement le signe d'une défaite. Ce qui justifie notre attention, ce sont les efforts faits en faveur de la liberté. C'est la liberté qui mettra fin à la pauvreté.

CONCLUSION

RETROUVER LA ROUTE
DE LA LIBERTÉ

Dans son fameux ouvrage, *La Route de la servitude*, Friedrich Hayek a montré comment des conceptions erronées d'inspiration collectiviste, qu'il s'agisse du marxisme ou du nazisme, ont conduit à l'esclavage des hommes et aux événements tragiques du XXe siècle. Malheureusement, en dépit de ces avertissements et de tous ceux qui ont suivi, de nombreux pays à travers le monde ont continué à suivre la route de la servitude. La France est de ceux-là. Il nous faut maintenant retrouver la route de la liberté. L'expérience tragique du siècle dernier montre bien à quel point nous sommes menacés par l'engrenage terrifiant de l'interventionnisme étatique. Chaque mesure gouvernementale est présentée comme une solution à un problème existant et, parce que l'interventionnisme crée toujours des problèmes, elle appelle en fait davantage d'interventionnisme, sans que l'on puisse bien souvent faire le lien explicite entre la cause et la conséquence. Chaque mesure, prise isolément, semble souhaitable ou, tout au moins, inoffensive. Mais le tableau d'ensemble que crée l'accumulation de ces mesures parcellaires est celui d'une société esclavagiste. Les forces de bureaucratisation croissante, de spoliation fiscale croissante, de réglementation croissante sont toujours à l'œuvre et c'est pourquoi il est illusoire d'espérer retrouver la route de la liberté par un grignotage patient de la forteresse étatique. Cette forteresse doit être abattue, ce qui implique la conjonction d'une opinion favorable et d'un pouvoir visionnaire et véritablement épris de ce seul intérêt général qu'est la restauration de la liberté individuelle.

« N'ayez pas peur », ce message qu'un pape a lancé aux Polonais soumis à l'oppression communiste, nous devons le reprendre à notre compte. Il n'est plus temps de bricoler des réformettes, ou de se cantonner à la recherche, d'ailleurs fictive, d'une meilleure gestion budgétaire. Il est temps d'affirmer que les maux de notre époque sont la conséquence d'un effondrement de la liberté individuelle. Il est temps de promouvoir un programme de réformes profondes et rapides sans craindre d'être accusé d'extrémisme. Car les véritables extrémistes sont ceux qui ont confisqué notre liberté, qu'ils soient ultra-socialistes, ultra-centristes ou ultra-conservateurs.

Nous ne devons pas accepter qu'on considère comme utopiste ou extrémiste le retour à la normalité, c'est-à-dire le retour à la liberté.

Les voies de la réforme sont évidentes dès lors qu'on a compris le système de la liberté ou, plus prosaïquement, que l'on a accepté de regarder le monde et d'en tirer les leçons qui s'imposent. Il existe – nous l'avons vu – une relation forte entre le taux de croissance et le degré de liberté économique. Par ailleurs, la croissance est d'autant plus forte que l'épargne est plus forte ce qui anéantit totalement l'idée dominante en France selon laquelle la relance économique passe par la relance de la consommation : pour que la croissance soit rapide, il faut que l'accumulation de capital soit rapide, donc que l'on s'abstienne de consommer afin d'épargner. Ce devrait être une évidence, mais elle est malheureusement masquée par la convergence des idées fausses d'inspiration keynésienne, par la démagogie syndicale et l'ignorance des décideurs publics. Soulignons-le à nouveau : le sort des salariés et celui des capitalistes ne sont pas opposés, mais ils sont solidaires les uns des autres. Plus il y aura de capitalistes pour épargner et investir, plus il y aura de croissance, d'augmentation de la productivité du travail et d'emplois bien rémunérés. Mais – c'est une autre évidence – l'épargne et l'investissement seront d'autant plus élevés que les épargnants et investisseurs auront moins à craindre que leurs efforts soient anéantis dans le futur par des prélèvements fiscaux et sociaux confiscatoires et par des réglementations paralysantes. Ce qui détermine le choix du futur n'est d'ailleurs pas seulement la spoliation présente, mais le risque d'une aggravation future de cette spoliation. Parce que son mode d'action est la contrainte, l'État peut modifier les conditions de l'activité humaine du jour au lendemain de manière parfaitement discrétionnaire. Il y a de ce point de vue un contraste saisissant entre le mode d'action normal des êtres humains dans une société civilisée – à savoir que chacun s'engage contractuellement pour le futur – et le mode d'action de l'État, fondamentalement barbare, qui consiste à agir unilatéralement. C'est pourquoi l'État est devenu à notre époque la principale source de risque, ce qui rend particulièrement risible sa prétention à assurer la stabilité économique.

Nous sommes partis d'une idée simple et indiscutable : la liberté est inscrite au cœur de l'homme. Cette idée est si universellement reconnue que c'est au nom de la liberté que se sont développées toutes les grandes utopies du XXe siècle, que se sont faits tous les grands bouleversements politiques et sociaux. Ils ont pourtant conduit aux pires tyrannies et aux pires destructions de la liberté naturelle. Comment de tels retournements ont-ils été possibles ? Les explications en sont multiples. Il y a, bien sûr, le fait que les hommes ne peuvent pas grand-chose devant la force brute, bien qu'elle soit elle-même mise en œuvre par d'autres êtres humains. Mais il y a aussi la démission du courage et de la lucidité ; il y a les défaillances de la pensée.

Il est au fond facile de comprendre comment un régime tyrannique s'installe au pouvoir : une clique peu nombreuse dont les membres ont des intérêts solidaires peut dominer une majorité et a intérêt à le faire si elle dispose des moyens de la contrainte. Il est également facile de comprendre comment un tel régime se maintient, car la résistance à l'oppression est pleine de risques et très difficile à organiser : chacun de ceux qui auraient intérêt à l'ébranlement du régime hésite à se sacrifier pour un « intérêt général » hypothétique et dont il risque surtout de ne pas être bénéficiaire si – comme il est probable – il y perd la vie, ou tout au moins sa carrière et ses ressources, dans son entreprise de démolition de la tyrannie. *A contrario*, il est déjà plus difficile de comprendre comment les régimes tyranniques s'effondrent, précisément parce qu'ils constituent des systèmes stables, capables de neutraliser toute tentative de désintégration interne. De ce point de vue, on ne comprendra peut-être jamais totalement ce phénomène étonnant de cristallisation des contestations qui a conduit brutalement les régimes communistes d'Europe à s'effondrer en 1989. Mais nous devons prêter attention à l'interprétation qu'en a donnée celui qui est maintenant président de la République tchèque, Vaclav Klaus : pour lui, ces régimes se sont effondrés parce qu'ils ont perdu leurs deux piliers, la foi et la peur[1]. Nous devons méditer ces mots car la « tyrannie sociale-démocrate » repose aussi sur ces deux piliers, la foi et la peur. Foi dans les solutions étatiques, foi dans le collectivisme, foi dans le volontarisme, peur de troubler l'ordre établi, peur de penser différemment, peur de perdre des avantages acquis. Il nous faut donc ébranler cette foi et vaincre cette peur. Vaincre la peur, c'est commencer par admettre l'idée que la social-démocratie n'est qu'un avatar du communisme. Elle en constitue certes la version *soft*, elle préserve une beaucoup plus grande marge de liberté de pensée, elle laisse davantage le champ libre à l'innovation. Mais elle n'en est pas moins d'une nature identique, car elle affirme la priorité du politique et elle rend possibles toutes sortes d'entreprises de collectivisation. Elle est aussi, en un sens, plus inébranlable, car elle est plus subtile, plus difficile à déchiffrer. Elle est un kaléidoscope de petits et de grands privilèges, de corruptions cachées et de compromis louches, elle est sans foi ni loi.

Si l'État n'est rien d'autre que cette « pyramide de privilèges » que dénonçait déjà Frédéric Bastiat,

---

1. « Faith and fear », intervention au congrès de la Société du Mont Pèlerin, Vienne, septembre 1996.

c'est pour des raisons évidentes, celles mêmes qui permettent de comprendre la force des régimes tyranniques. Tout homme politique a en effet intérêt à donner des avantages visibles à des catégories bien spécifiques en essayant par ailleurs de cacher au maximum le coût de ces privilèges et de le répartir sur le plus grand nombre[2]. En effet, un individu isolé ou même un groupe d'individus n'ont aucun intérêt à consacrer du temps et des ressources pour lutter contre les privilèges obtenus par autrui, puisque le gain qu'ils retireraient d'une éventuelle et improbable victoire serait réparti entre tous les citoyens, de telle sorte que le gain qu'ils tireraient eux-mêmes de cette action serait nécessairement inférieur au coût qu'ils devraient supporter. Il est donc tout à fait rationnel de leur part d'essayer plutôt d'obtenir des avantages spécifiques. C'est ainsi que, peu à peu, les privilèges spécifiques se créent, se multiplient, se transforment en avantages acquis ; c'est ainsi que l'État croît et réduit les citoyens en contribuables, c'est-à-dire en esclaves fiscaux[3]. Tel

---

2. Ce mécanisme a été excellemment décrit par Mancur Olson dans, *The Logics of Collective Action*, Cambridge, Harvard University Press, 1971 ; trad. fr. *La Logique de l'action collective*, Paris, PUF, 1996.
3. Ce phénomène peut se rencontrer dans tous les types de régimes politiques. Ainsi, un dictateur ne peut pas régner sans obtenir l'appui de certaines classes de citoyens, sinon il risque une révolution ou un coup d'État. Mais dans la mesure où son pouvoir repose sur la contrainte, il peut se contenter de distribuer des privilèges à une catégorie limitée de citoyens, aux dépens de la majorité. Cependant, une dictature peut aussi rechercher un large appui populaire, comme

est le paradoxe politique : tout le monde – ou presque – perd à la constitution de la pyramide de privilèges par rapport à la situation d'une société libre dans laquelle personne ne peut vivre aux dépens des autres. Et pourtant, il est inéluctable que la pyramide de privilèges se développe.

Voilà qui aide à comprendre comment on en arrive à ce paradoxe majeur : les hommes aiment leur liberté, la considèrent comme une valeur suprême, mais ils construisent des sociétés qui la détruisent. Cette dynamique étatiste a de quoi rendre pessimiste : de manière quasiment inéluctable, les sociétés humaines versent dans l'étatisme, la contrainte et l'esclavage. En témoigne l'exemple des États-Unis. La Constitution américaine est en effet probablement le monument institutionnel le plus parfait pour la défense de la liberté. Elle a été imaginée par des hommes profondément désireux de défendre la liberté individuelle et qui n'avaient pour cela accordé à l'État fédéral que deux tâches essentielles : maintenir la liberté des échanges entre les États américains et défendre les libertés indivi-duelles contre les emprises étatiques. Deux cents ans plus tard, on est bien loin de ce programme. La

---

(Suite de la note 3 page 279).
l'Histoire en donne d'ailleurs des exemples et il peut même arriver qu'elle ait alors intérêt dans ce cas à apporter du bien-être au plus grand nombre. Un régime démocratique, pour sa part, est particuliè-rement soumis au jeu des intérêts multiples et spécifiques.

recherche de la liberté s'apparente donc au mythe du rocher de Sisyphe : toute remontée risque de s'accompagner d'une rechute. Mais encore faut-il essayer de remonter la pente et conserver, tel Sisyphe, suffisamment d'espérance pour reprendre inlassablement sa démarche.

Le Léviathan moderne a compris qu'il ne pouvait assurer durablement son emprise qu'en agissant par la peur et la foi. Si l'on y réfléchit bien, l'aspect le plus tragique de l'étatisme de notre époque vient de la destruction des esprits qu'il provoque progressivement et inéluctablement. Au lieu d'agir en hommes libres cherchant à apprécier les conséquences futures, bonnes ou mauvaises, de leurs actes d'aujourd'hui, c'est-à-dire au lieu d'agir en êtres responsables, les citoyens agissent par peur de la sanction qu'ils subiront s'ils ne respectent pas les règles imposées par un État omniprésent : peur du contrôle fiscal, peur de l'inspecteur du travail, peur du radar routier, peur du douanier. Et cette peur devient une peur d'innover, une peur même de penser.

Car l'État moderne a su faire en sorte que ses citoyens acquièrent une foi en lui presque sans limites. Ce n'est pas par hasard s'il s'est arrogé le monopole de l'éducation, de la maternelle à l'université. Pour ce faire, l'alibi est toujours le même, celui de l'égalité des chances. Mais la raison profonde de cette nationalisation tient au fait qu'elle permet d'imposer un prêt-à-penser uniforme, un langage même.

L'homme est un être de passion et un être de raison. La raison est mise au service des passions. Nous n'avons pas à juger des passions, nous ne pouvons d'ailleurs pas bien les connaître, dans leur diversité et dans leur incommunicabilité. Mais nous pouvons éduquer la raison. Parce que toute action humaine passe par la raison, procède d'un processus de pensée, nous devons nous garder d'imaginer qu'une réforme sociale quelconque puisse se faire si elle n'est pas d'abord admise dans les esprits.

C'est pourquoi il n'y aura pas de réforme politique, il n'y aura pas de changement majeur de la politique économique, viable et durable, sans un renversement complet des habitudes de pensée. Il n'y a pas de tâche plus urgente que de faire comprendre qu'on ne peut pas défendre la liberté de manière vague et collective, que la prospérité n'est elle-même qu'une conséquence parmi d'autres de la liberté individuelle, que le retour à la responsabilité personnelle dans tous les domaines, à tous les niveaux, est le seul moyen d'atteindre une société plus libre, plus juste, plus pacifique et plus prospère. Il n'est donc pas de tâche plus urgente pour tous – jeunes ou vieux, salariés ou employeurs, pauvres ou riches – que de faire l'effort intellectuel nécessaire pour la restauration de leur liberté.

TABLE DES MATIÈRES

283

Du même auteur

Aux éditions Odile Jacob

La Vérité sur la monnaie, Paris, 1990.
Libéralisme, Paris, 2000.

Autres ouvrages

L'Ordre monétaire mondial, Paris, Presses Universitaires de France, collection « Libre-échange », 1982.
L'Arbitraire fiscal, Paris, Robert Laffont, 1985 ; 2ᵉ édition, *L'Arbitraire fiscal ou comment sortir de la crise*, Genève, Éditions Slatkine, 1996.
Présence de Jacques Rueff, avec François Bourricaud et Pascal Salin, Paris, Plon, 1989.
Macroéconomie, Paris, Presses Universitaires de France, 1991.
Libre-Échange et protectionnisme, Paris, Presses Universitaires de France, collection « Que sais-je ? », 1991 ; nouvelle édition, *Le Libre-Échange*, Paris, Presses Universitaires de France, collection « Que sais-je ? », 2002.
La Concurrence, Paris, Presses Universitaires de France, collection « Que sais-je ? », 1995.

••• SAGIM • CANALE •••

Achevé d'imprimer en mars 2007
sur rotative Variquik
à Courtry (77181)

Composition et mise en pages :
Compo 2000 – Saint-Lô

N° d'édition : 7381-1962-X – N° d'impression : 10052
Dépôt légal : mars 2007

Imprimé en France